快乐养育法

童年过得快乐的孩子，成年后更具竞争力

留佩萱 著

江苏凤凰文艺出版社
JIANGSU PHOENIX LITERATURE AND
ART PUBLISHING, LTD

图书在版编目（CIP）数据

快乐养育法 / 留佩萱著. —— 南京：江苏凤凰文艺
出版社，2019.6
ISBN 978-7-5594-3707-5

Ⅰ. ①快… Ⅱ. ①留… Ⅲ. ①儿童心理学 – 教育心理
学 Ⅳ. ①G44

中国版本图书馆CIP数据核字（2019）第077782号

本著作中文简体字版经厦门墨客知识产权代理有限公司代
理，由小树文化有限公司授权北京时代华语国际传媒股份
有限公司在中国大陆独家出版、发行。

快乐养育法

留佩萱　著

责任编辑	唐　婧　黄孝阳
装帧设计	斑鸠子
责任印制	郝　旺
出版发行	江苏凤凰文艺出版社
	南京市中央路 165 号，邮编：210009
网　　址	http://www.jswenyi.com
印　　刷	北京中科印刷有限公司
开　　本	787×1092 毫米　1/32
印　　张	7
字　　数	100 千字
版　　次	2019 年 6 月第 1 版　2019 年 6 月第 1 次印刷
书　　号	ISBN 978-7-5594-3707-5
定　　价	42.00 元

江苏凤凰文艺版图书凡印刷、装订错误可随时向承印厂调换
电话：（010）83670070

童年的秘密：孩子的成长有内在的精神驱动和规律

人本心理学家弗洛姆（Erich Fromm）在其经典著作《爱的艺术》里说："爱包含着照顾、责任、尊重与了解……如果缺乏尊重，则责任很容易质变为控制和占有……如果不了解一个人，就不能尊重他；照顾和责任如果不以了解为导引，就是盲目的。"了解，实在是爱的基础啊！

然而，对许多人来说，"控制一个人"比"了解一个人"简单多了，因为大家都是这样长大的，控制的手段从小耳濡目染，以致习以为常到脑神经已经没有其他联结，比方说："你再这样试试看，我就不要你了！""你如果现在不吃这个菜，等一下也不能吃蛋糕。""下次再打破碗，就不准你吃饭。""这次考试如果能得一百分，就给你一百元奖金。""我为你牺牲这么多，你就是这样报答我的吗？"……这些威胁、利诱与情感勒索，是我们从小听惯的话，等当了父母也几乎无缝接轨地用在我们的小孩等亲密家人身上，等小孩长大，说不定会加倍奉还给我们！事实上，活在这种负向文化的轮回里，没有人是快乐的，既然如此，为什么不改变？

改变是需要信心的！美国心理学家马丁·塞利格曼（Martin E.P. Seligman）著名的认知科学实验"习得性无助"（Learned Helplessness）中，将狗置于地板通电的环境，让它无处可逃，且对于电击的发生既无法控制也无法阻止。然后换去半边地板通电、半边没通电环境后，当电击来时，即使狗可以轻松到没有通电的那一边，但也不会再去尝试了，而是继续在恐惧中蜷身哀鸣。这个实验让我们看到"无法靠自己力量终止电击的狗"是如何变得听天由命，不再相信自己的努力是有用的。天生没有"无助感"的狗，竟然因此信心溃散、"习得性无助"，而无助感的消除，还要历经 30 至 50 次的实验协助才能奏效。

人虽然不是狗，但回想我们自己的成长历程，难道没有习得性无助的时候吗？当我们面对那些威胁、利诱与情感勒索的时候，最后不也无助地顺从了吗？长大后的你，花过多少时间去"消除"它呢？无助感累积越多信心越低，即使想要改变，往往也会举步维艰，童年留下的伤害，莫此为甚！

"爱"是需要学习的。爱的对象既然是"人"，那么我们要学的第一件事就是去了解"人"，而且是从自我了解起，不是吗？佩萱曾经跟我一起在人本教育基金会工作，每年我们都亲眼见证许多决心改变的爸爸妈妈，在知识与社群的支持下走出困境。如今，佩萱出版了这本书，无疑将会帮助更多人因为"了解自己"而重新获得改变的力量。

这真是一本非常适合所有成人阅读的"自疗书"，很重要的一点是，你可以徜徉在佩萱温暖博学的笔触中，理解许多跟人的成长息息相关的科学知识，使你对自己或孩子行为的接纳，是一种了解真相后的接纳，而非只是道德上认为"应该要接纳"而已。

吴丽芬

人本教育基金会数学想想国总监、父母成长班资深讲师

自序

为人父母无需持证上岗，但却需要不断地学习

提到原生家庭，你会想到什么？

担任心理咨询师以来，我遇见的每位个案都是因为生活上的问题来到咨询室，这些困扰可能是：压力过大、焦躁、抑郁、长期失眠、在情感上有问题、不断劈腿或同时与多人交往、低自尊、无法控制情绪、凡事要求完美等等。通常，与个案建立起信任关系后，个案就会开始透露原生家庭发生的事情，譬如，凡事要求完美的大学生提到，从小父亲就不断跟她说："你这么笨，根本考不上大学。"另一位有情感沟通问题的个案说："在我小的时候，妈妈就很强势，不管说什么都无法说服她，最后干脆直接放弃沟通，照着妈妈的话做就是了。"

不仅如此，还有那些埋藏许久，很难说出口的童年创伤，像是肢体虐待、被性侵、被父母严重疏忽，或是目睹家暴等等。

我在美国的咨询室里，听到个案描述"原生家庭带来的伤痛"，而这一年当中，也有许多远在台湾的朋友，写信告诉我"原生家庭的童年创伤"。信中的文字叙述着一个个痛苦的童年经历：爸爸失控把我毒打一顿；妈妈把我的画笔摔落一地，对我大声吼叫；童年时期被祖父性侵；从小就被拿来和兄弟姐妹比较，不断被数落自己有多糟、多丑、多笨；目睹爸爸殴打妈妈；妈妈情绪不稳定，当我做错事时就把我锁在家门外……

"家"，这个理应安全的避风港，却是很多人的梦魇与痛苦来源。不管是电子邮件中的文字，还是在咨询室中听到的故事，从中我深刻感受到：不管是在美国还是在中国台湾，虽有着不同文化、不同种族，受到原生家庭的伤害却是那么类似。

当然，我们不能说"原生家庭决定人的一生"。毕竟，除了家庭，影响孩子成长的因素还有很多，像个人特质、学校、老师、同侪、居住环境，以及整个社会的歧视与压迫。

但是，从咨询经验中可以看到，原生家庭的确会造成很大的影响，不仅影响你，还会影响到你的下一代。很多时候，父母会不经意地复制自己小时候的经历来教育下一代，毕竟，那是我们最熟悉的教养方式。

虽然，我们无法选择自己的原生家庭，也无法再回到童年，但是，我们可以让原生家庭的伤害停留在这一刻，摆脱家庭创伤的世代枷锁。因为，你就是你孩子的原生家庭，你对待孩子的方式将会影响孩子的一生。许多经历原生家庭创伤的人会担心"成为父母后，我会不会跟自己的爸爸妈妈一样？"但是，不管是否出生在充满伤害的原生家庭，你都可以改变，为下一代提供更健康的原生家庭。你可以让原生家庭不再充满负面含义，而是充满着爱、支持、温暖与信任。

身为咨询师，我都是在"伤害已经造成"后，帮助个案复原。但是，如果父母能够改变——接收正确信息，了解孩子成长过程的需求，意识到自己的行为对他们造成的影响——为孩子提供健康的原生家庭，对孩子来说，这比心理治疗有效多了！这也是这本书的目的——帮助你觉察到原生家庭带来的影响，了解父母言行对孩子造成的伤害，然后试着改变，让家庭创伤在你这一代停止，不再传递给下一代。

本书一开始，会帮你检视自己的原生家庭，我并不是要你把过错全部推给父母，因为家庭创伤是代代相传，不是从你才开始。很多时候，父母对待你的方式，源自于他们小时候与上一辈的相处经历，于是，他们用自己熟悉的教养方式对待你。但是，你不需要复制这种教养方式给下一代，你可以让伤害在此停止。当你能够理解过去就能开始改变，给孩子更好的原生家庭。

目录

第四章　不敢说的秘密：家暴、离婚、性侵

第二部分

从现在起，　做有意识的父母

第五章　认识到问题的存在，就是改变的开始

第六章　为人父母的底线，是不伤害孩子的童年

结　语　父母的称号不是应得的，而是赢得的　　207

第一部分

童年创伤对孩子一生的影响

第一章

被过度消费的童年

你之所以成为现在的你，是由童年经验塑造而成。父母、照顾者对待你的方式，童年所经历过的所有事情，都会成为你的一部分，并且在长大之后，影响你的身心健康、亲密关系，与下一代的相处模式和教养模式。

本章借由检测自己的童年负面经验开始，探索童年经验对成年后的影响。让我们清楚看见童年时期的阴霾，察觉自己深埋在皮肤底下、尚未痊愈的童年伤口。当你开始为伤口清创，就是伤口愈合的开始。

1. 你如何成为现在的自己?

你之所以成为现在的"你",可能是由童年形塑而来。童年累积的所有经验,会在成年时展现出来,影响你与他人的互动模式:家人、朋友,甚至是另一半或者是下一代。

你现在过得自在吗?

你喜欢自己的生活吗?

你满意自己的现况吗?

让我们先从检视童年经验开始,看看童年对你有什么影响。

那些记忆犹深的负面童年经验

阅读本篇前,先做个测验。

请回答第 6 页的 10 个问题,若答案为"是"就得 1 分,"否"则得 0 分,你可以利用表格计算分数。

回答的过程中，可能会触发你的负面情绪或记忆，不用一口气做完这个测验，必要时可以休息一下再回答，也可以适时做几次深呼吸，运用腹式呼吸法——把手放在腹部，吸气时慢慢感受腹部膨胀，吐气时再慢慢缩回去，来缓解你的情绪，让身体放松。

测验共有10题，主要询问成长过程中，照顾者对待你的方式，以及家中状况。这些测验想探究你的主观感受，也就是"你是不是有某种感觉"，不需要询问父母有没有做过这些事情，或是发生的频率。此测验全由你自己决定回答"是"还是"否"。

请回想，18 岁生日以前是否有下列感受？

题目	是 1分	否 0分
1. 父母或身边的大人时常咒骂你、羞辱你，对你说轻蔑的话，或做出伤害你的行为？		
2. 父母或身边的大人时常推你、抓你，打你巴掌，朝你丢东西，让你的身上有伤痕、瘀血，或其他严重的伤害？		
3. 父母或身边的大人时常用你不喜欢的方式碰触你，要求你碰触他／她的身体，或是做任何与性相关的行为？		
4. 觉得家里"没有人"爱你、重视你。你是否觉得家庭成员间不会互相照料，彼此并不亲密，也不会互相扶持？		
5. 没有足够的食物，常常穿脏衣服，觉得没有人会保护你，父母经常酩酊大醉，或药物成瘾，因而对你疏于照顾，譬如生病时没有带你去看医生？		
6. 因为双亲离婚、弃养……失去亲生父亲或母亲？		
7. 双亲(或是继父母)时常被另一半推、抓、打、踢、踹、丢东西，甚至被拿刀威胁？		
8. 曾经和有酒瘾或药物毒品问题的人一起居住？		
9. 家庭成员有抑郁症或其他心理疾病，或曾经试图自杀？		
10. 家庭成员曾经入狱？		

现在，请把分数加起来，你的总分是：

上表中列出的项目都属于负面童年经验。做测验的过程中，出现负面情绪很正常。就像我在测验前提到的：需要时，你可以用深呼吸调整自己的情绪，或者暂时放下本书，做一些可以让你心情愉快的事情，像听音乐、喝杯茶，休息好再继续阅读。如果你勾选了其中一项，请不用担心，因为大部分人都经历过这些负面童年经验。

但是，完成测验后请想一想，这些经历对现在的你造成了哪些影响？

我们的原生家庭塑造着孩子的童年

原生家庭指从小生长的家庭，不一定是亲生父母所处的家庭，因为有些人从小在亲戚家长大，或是被领养，你成长的家庭就是你的原生家庭。

阅读下一节之前，请花几分钟思考：童年经验和原生家庭如何塑造了你？你如何成为现在的自己？你拥有的价值观、信念、看待事情的方式从何而来？若你愿意，也可以写下内心想法，让书写帮助你思考与理清。

接着，请再想想：童年经验以及原生家庭，对现在的家庭有哪些影响？你所组成的家庭是否某部分与自己的原生家庭相似呢？这里所说的"现在的家庭"，指的是你与伴侣以及孩子所组成的家庭。也请想想看，童年经验如何影响你教养孩子的方式？

思考过后，请翻到下一页，谈谈刚刚做的测验。

▶ 练习1：看见原生家庭对你的影响

请花几分钟思考下列问题：

1. 你的童年经验和原生家庭如何塑造了你？

_____

_____

_____

2. 你如何成为现在的自己？

_____

_____

_____

3. 你拥有的价值观、信念、看待事情的方式从何
而来？

_____

_____

_____

2. 没有人在完美的家庭中长大

没有人在完美的家庭中长大，但是童年遭遇的负面经验越多，成年时期出现身心健康问题的概率越高。得癌症、抑郁症、焦虑症、酒瘾、药瘾、肥胖症、糖尿病、性病、肝炎或是心血管疾病等的概率更高。

童年遭遇的负面经验越多，
长大后出现身心健康问题的概率越高

前一节做的测验称为 ACE 测验，用来研究"负面童年经验"（Adverse Childhood Experiences，简称 ACE）。如果你勾选了任何一项负面童年经验，请不用担心，你一点也不孤单，因为 ACE 研究显示，大部分的人都经历过这些负面童年经验。

身为咨询师，我碰到过许多个案，在咨询过程中述说着自己的困扰："我很害怕别人的眼光""只要一点点小事，我就大发雷霆""我一天到晚都很焦虑，总觉得每个人都在批评我，说我很差""我没办法信任他人，没有办法在感情中做出承诺""只要看到别人发脾气，我就会僵住，不知道怎么反应"。这些个案认为：问题所在是自己很糟糕，自己不够好。他们常常问我："我到底哪里出了问题？"

但是，ACE 研究提供了另外一个观点——**我们认定的"特质"，或许是童年经验塑造而成的。**

"童年经验形塑出我们现在的样子"，这个观念直到三十年前才开始被大家重视，就连做 ACE 研究的美国内科医生文森特·费利帝（Vincent Felitti），也是偶然发现这个情况的。

1980 年左右，治疗肥胖症的费利帝医生发现：虽然治疗的成效良好，但退出疗程的病人仍然高达百分之五十。为了了解原因，费利帝医生对这些病患进行一对一访谈。他耗费心力长时间访谈，却找不出任何异状，直到他阴差阳错问了一个问题：

"你初次性行为时，体重多少？"费利帝医生问。

"40 磅（约 18 千克）。"女病患回答。

费利帝医生以为自己听错了，又问了一次。女病患还是回答 40 磅，接着说："我 4 岁的时候，对象是我父亲。"然后哭了起来。因为这段对话，费利帝医生开始询问退出疗程的病患是否在童年时期遭受过性侵。结果，退出的病患中，大部分人小时候都被性侵过。

对这些童年时期遭受过性侵的人来说，"吃"是处理情绪与压力的方式；而且，对于部分病患来说，肥胖让他们有安全感，因为这样的体态"不吸引人"。"吃"不是问题的根源，"性侵创伤"才是。

费利帝医生无心的问题让他发现"性侵创伤"与"肥胖症"的关联。但是，当时的社会并不这么想，大家认为，肥胖症是因为自己懒惰，不够努力。所以，当费利帝医生在国际研讨会上发表这个论点时，底下的听众不但不领情，还指责他："你根本是在为这些人找借口！"

为了证明童年负面经验对成年人的影响，费利帝医生正式决定扩大研究，在 1995 年至 1997 年间，研究了 1.7 万多位成年人。这些受试者主要是白人，是拥有大学学历、良好的工作和健康保险的中产阶级。问卷中询问了 10 种负面童年经历，包括肢体虐待、性侵害、情绪暴力、疏忽、目睹家暴、家庭酒瘾问题等等，并检视了受试者的医疗记录。这篇研究于 1998 年发表，也就是著名的 ACE 研究，而研究中用来询问童年负面经验的题目，就是第一篇所做的测验。

令人惊讶的是，这些拥有大学学历、有良好工作的白人中产阶级，仍有很高的比例在童年有过负面经历。约三分之二的受试者，在 ACE 测验中至少得到一分；有八分之一的受试者，ACE 测验至少有四分。其中，最令费利帝医生吃惊的是：研究结果显示，童年负面经验与成年身心健康有着高度关联性。ACE 分数越高，也就是童年遭遇负面经验越多的人，成年时期出现身心健康问题的比例越高。像癌症、抑郁症、焦虑症、酒瘾、药瘾、肥胖症、糖尿病、性病、肝炎或是心血管疾病等。此外，ACE 分数越高，成为家暴加害者、被强暴，或是工作表现出问题等的概率也更高。

遭遇过童年逆境的孩子，比我们想象的多

ACE 研究告诉我们，许多人在童年时期都遭遇过童年逆境。这里指的童年逆境是 ACE 测验中的创伤经验，并非"一般手足吵架""考试考不好""妈妈不买玩具给我"这种成长过程中，孩子多少都会碰到的挫折或是压力。

童年逆境比想象中还要普遍，约有三分之二的人有一种以上的童年负面经验，也就是说，每三个人中就有两个人经历过 ACE 测验中，至少一项的童年负面经验。这项研究发表后，美国许多地方也使用过此测验，检测童年遭受负面经验的程度，得到的数据也差不多。

ACE 测验只询问十种童年逆境。但我们知道，其他童年负面经验也会影响孩子的身心发展，像是亲人过世，目睹兄弟姊妹受虐待或是被侵害、父母长期争吵、生活在贫困环境中，或是住在充满暴力的小区等等。

没有列在 ACE 测验中的伤害也可能对童年造成

很大的阴影。如果把其他童年负面经验也算进去，那么，在童年时期受到伤害的人，比想象中还要多。没有人在完美的家庭下长大，我们或多或少都带着童年时期的伤害。

你对待孩子的方式，决定了他未来的身心健康状态

本书用 ACE 测验开头，为了帮你检视自己的童年。ACE 研究告诉我们，成年后的身心健康与童年负面经验相关，也就是说，许多你觉得"自己有问题"的特质或行为，或许是童年时期的经验所造成的。

我们没有办法改变童年经历和原生家庭，但是可以改变自己的下一代，因为，你就是你孩子的原生家庭，你对待孩子的方式决定了他的 ACE 分数和未来的身心健康状态。不管是否在充满创伤的原生家庭下长大，你都可以改变，为下一代提供良好的原生家庭。

当你拿起这本书，表示你可能意识到了自己的原生家庭曾给自己带来的伤害，且不想把这些伤害传给下一代。这也是本书的宗旨——觉察到自己的过去，了

解父母言行对孩子造成的影响，以及提供改变的方法。

现在，请翻回前一节，看看你的 ACE 测验，你的分数是多少？你觉得，童年如何影响现在的自己？

3. 每个父母都曾是个孩子

看着自己的 ACE 分数，你可能会疑惑："难道这个数字决定了我的身心健康吗？"

当然不是！

虽然童年负面经验会影响成年时期的身心健康，但这并不代表 ACE 分数高的人就一定会有严重的健康危机。许多在 ACE 测验获得高分的人也过得很好且身心健康。就算 ACE 分数高，你也能改变。

童年逆境不会让孩子变坚强，只会让他被伤得更深

童年创伤影响成年后身心健康的程度，也和其他因素有关，像每个人自身的气质、基因、年纪，加害者是陌生人还是亲密家人，事件发生的频率和严重程度，身边有没有良好环境支持，个人的复原力等等，

这些都会改变创伤事件的影响力。所以，ACE 分数并不等于将来的身心状态。

尽管如此，研究结果仍显示："童年创伤与成年后身心健康有显著关系"，这又说明了什么？每个大人都曾经是个孩子，不管童年快不快乐、是否充满负面经验，现在回想起来，你可能觉得这些都是往事了，就像英文谚语"杀不死你的，将使你更强大"，就是要勉励大家逆境可以使人茁壮。但是，这句话不完全正确，就算成年了，童年创伤并没有离开你，而是以另一种形式跟随着你：无法信任另一半、有抑郁症或焦虑症、觉得没有人爱自己、常常觉得达不到他人期望、习惯逃避冲突、不知道如何表达自己的感受和需求，所以经常委曲求全，或是健康亮起红灯，受困于各种身体上的疼痛。童年所承受的"恶性压力"不会让你更强壮，只会伤你更深。

可以给孩子适当的压力，但要警惕恶性压力

曾有家长在阅读 ACE 研究后问我："所以说，我们不能给孩子任何压力吗？"

当然不是，适当的压力有益于孩子的健全发展，但是这些压力不包含"恶性压力"（Toxic Stress）。研究表示，压力分为三种类型：

第一种被称为"良性压力"。孩子在成长过程中不可避免地会碰到压力，像是第一天上学，来到陌生的环境，认识新朋友，考试、上台做报告，看医生，和朋友吵架。孩子感受到这些压力，身体也会做出回应——心跳加快、肌肉紧绷、释放适量的压力荷尔蒙，并在结束后快速回到放松状态。这些适当的压力是成长过程中必要的学习历程。

第二种被称为"可容忍压力"。生命中，孩子难免遇到高度压力，像是亲人生病、天灾，或是受伤等等。在这些压力下，孩子会产生剧烈反应，像是身体压力荷尔蒙快速上升。如果，孩子遭受这些压力的时间较短，加上有良好的环境支持，像是感受到父母亲爱他、关心他，就能缓冲掉高压所带来的伤害。

第三种的"恶性压力"就像一颗不定时炸弹。ACE测验里询问的创伤像是肢体暴力、性侵、被疏忽，父母长期冷落、羞辱、嘲笑、贬低等等，长期生活在这样的环境下，身上就像绑了一颗不定时炸弹，随时会爆炸。在这样的环境下，孩子需要时时保持警戒，无时无刻不在观察周遭是否有危险，不断担心："爸爸喝醉酒会不会打我？会不会打妈妈？""我这样做会不会又被妈妈骂笨蛋？"

侦测到威胁时，身体就会进入"反击或逃跑"的紧急备战模式——身体压力荷尔蒙快速上升，心跳加快，肌肉紧绷，准备面对危险。正常状况下，身体在事后就可以回到放松状态，但长期生活在恶性压力下的孩子却一直处于高压状态，当他无法"反击或逃跑"时，也有可能进入"冻结"模式——僵住、无法动弹。当孩子承受太多恐惧时，他们甚至会切断所有感觉，筑起一道墙杜绝所有情绪，变得麻木，没有感觉，就不用感受伤害所带来的恐惧，这也是一种身体保护机制。

受伤的童年会导致孩子大脑受创

你可能会好奇，为什么童年时期的恶性压力会影响成年时期的身心健康？这就要从大脑讲起。

大脑会根据经验和环境改变，孩子每天接触到的事物，都会影响大脑。大脑杏仁核就像"烟雾侦测器"，负责侦测环境有没有威胁。当杏仁核侦测到威胁时，就会启动身体的压力模式，进入"反击或逃跑"状态——肾上腺素升高，帮助你反击，或是逃离危险。长期生活在创伤下的孩子，大脑杏仁核不断侦测到威胁，一直处于活化状态。过度活化会造成杏仁核功能失调，将"不是威胁"的讯号视作危险，而做出剧烈反应。譬如，别人只是看他一眼，孩子就认为对方想要攻击他，于是先出手还击。除此之外，研究也发现，长期处于恶性压力也会伤害大脑前额叶，影响思考、情绪调控或是冲动控制。

恶性压力会改变孩子的大脑构造和功能，造成情绪、行为和认知上的负面影响，这些改变一路跟随到成年，然后影响你每天的生活样貌。

那些童年缺爱的孩子，
注定需要漫长的自我疗愈

每个大人都曾经是个孩子。孩提时，这些发生在你身上的负面经验影响了大脑，然后塑造出许多现有的特质。或许，读这本书的过程中，你已经觉察到自己的某些状态可能来自童年经历。这样的觉察很重要，是改变的第一步。

请告诉自己，遭遇这些童年负面经验不是你的错，是身边的大人没有好好保护你，或是用不正确的方式对待你。请记得与自己的内心对话，因为不管过去多少年，童年时期塑造的信念早已让大脑神经形成了一条坚定的回路，让你深信：这些事情是你造成的，是你不好，也因此让你充满羞耻感。要想改变这些旧有的大脑回路，就必须建立新的大脑回路。所以，大声说出来，或是写下来，不断重复提醒自己这不是你的错。

我也常常告诉来咨询的个案：大脑因为童年负面经验而改变，并不代表你的大脑有问题，相反，这正是大脑保护自己的方式。为了帮助你在逆境中生存，大脑必须做出这些改变，帮你适应受创的环境，这也是人所能展现出的坚强韧性和复原力。

大脑是可塑的，一生都可以改变。过去的童年负面经验或许改变了你的大脑，但是不代表就这样一辈子定型了。你还有机会改变，建立新的大脑神经回路，用不同的方式生活，以及教养下一代。

Note：童年塑造的信念让大脑神经形成了一条坚定的回路，若想改变，就必须时常与自己的内心对话。请大声说出来、写下来，重复提醒自己：童年时期所受的伤害不是你的错。

4. 童年创伤的印记，会伴随孩子一生

因为担心打破家中原有的平衡，孩子通常会把在家中受到的伤害当作"秘密"不敢说出来。他们不知道大人这样对待他们的方式是不对的，只知道"一定是我有问题，一定是我的错，所以他们才会这样对我"。

成年后，你可能会认为童年早已过去，但其实并没有。童年经历会影响你成年后如何看待、解读事情，如何面对压力与挫折，如何处理人际关系、亲密关系以及如何教养你的孩子。

永远觉得自己得不到父母的认同

你的童年记忆可能是：

爸爸或妈妈只要一生气就会打你、扇你巴掌，甚至让你的身体伤痕累累；

有时候，爸爸或妈妈晚上回家时会喝得醉醺醺的，

然后随便怪罪你，对你破口大骂；

爸爸或妈妈常常会羞辱你、嘲笑你："你怎么这么笨？""你怎么什么都不会？""我怎么会生出你这样的孩子？"

爸爸或妈妈经常批评你的外貌和身材："怎么这么肥？长得这么丑？"

爸爸或妈妈只在意你的考试成绩，当你没有达到标准时，可以感觉到他们很失望，他们不爱你；

成长过程中，觉得自己永远得不到爸妈的认同，他们不断批评你，告诉你应该怎么做，你觉得自己做什么都不够好；

爸爸或妈妈情绪起伏不定，前一秒还在称赞你，下一秒就翻脸责骂你；

爸妈经常吵架，互相吼骂，甚至会摔东西或是拳脚相向；

觉得很多事情都是自己的错，像是妈妈说："要不是因为你，我早就跟你爸离婚了！"

觉得没有人关心你，没有人爱你，没有人真正了解你；

觉得人生被爸爸妈妈控制，要念什么科系、要念哪所大学都由父母决定，他们会说："我这样都是为了你好，你怎么不懂得感激？"

生活在这样家庭下的孩子，通常会把家里发生的伤害当作"秘密"，不敢说出来，尤其在家庭成员都不谈论这些事情，仿佛什么事都没有发生的情况下。孩子不知道被这样对待是错误的，他只知道："这件事情发生在我身上，我感到恐惧害怕。但是，并没有人跟我说这样是错的。一定是我有问题，一定是我的错，所以他们才会这样对我。"

童年经历影响成年后如何看待、解读事情，如何面对压力与挫折，如何处理人际关系、亲密关系以及如何教养你的孩子。童年并没有离开，也没有因为时间而消失，而是用另一种方式——被形塑的大脑神经和身体系统——继续跟随着你。如同美国科学记者纳卡萨娃（Donna Jackson Nakazawa）在书中描述童年负面经验如何影响成人时所写："你的经历形塑了你的生理反应（Your biography becomes your biology）。"也就是说，童年经验改变了你的大脑和身体，变成了你生理反应的一部分。

缺乏可预期、可信任的安全感

童年经历除了影响大脑发育，也影响你和他人的亲密关系，依附关系就是其中一例。婴儿出生后，借由和他人互动来认识世界。当婴儿肚子饿了，尿布湿了不舒服，或是感到害怕而哭泣时，如果身边的照顾者能够立即响应他的需求——喂他喝奶，替他换尿布，或是抱起他，轻轻说话来安抚他，婴儿可以感觉到：当我有需要时，会有人来帮助我，替我消除这些不舒服的感觉，让我快乐。在这样的环境下长大，婴儿会相信：这个世界是安全的，是可以预测的。

你可能会怀疑：婴儿还这么小，真的可以感受到这些东西吗？事实上，婴幼儿可以快速察觉到周遭的环境气氛，以及他人的情绪和行为。美国发展心理学家爱德华·楚尼克博士（Edward Tronick）就曾经做过"面无表情实验（The Still Face Experiment）"。他请妈妈和婴儿在观察室中互动，接着，原本开心与婴儿互动的妈妈转变成面无表情的脸庞，不回应孩子的任何反应。实验影片中，妈妈变脸的那一瞬间，婴儿立刻感觉不对劲，于是，开始对妈妈微笑，手舞足蹈，用尽办法唤回妈妈的反应。当妈妈还是不回应时，婴儿开始焦虑、尖叫、哭泣，最后甚至把头转向一旁逃避。

当自身需求可以被满足，像是婴儿发出咿咿呜呜的声音或微笑时，父母也响应——将他抱起，对着他讲话，对着他微笑，就能让婴儿感受到"我是重要的""有人关心我、在乎我"。如此长大的孩子，就能形成**"安全型依附关系"**。在他们眼中，世界安全，可以预期、可信任，所以他们更愿意去尝试、探索这个世界；当婴儿焦虑、害怕、身体不舒服时，由于父母的安抚，婴儿也开始学习调节情绪。心理学家认定，婴儿需要与至少一位主要照顾者形成安全型依附关系，才能够学会如何自我调节，发展出健康的人际关系。

相反，当婴儿有需求时，像是肚子饿了、身体不舒服却没有人回应——爸爸妈妈不理会婴儿的需求。在婴儿哭泣时显露出生气、愤怒、焦躁等情绪，对着婴儿破口大骂，或是心情好时就去哄孩子，心情不好时就发脾气。这些情况下，婴儿感受到的世界是不安全的、无法预期的。他们感受到的信息是"我不重要""没有人爱我""没有人关心我"，因而会形成"不安全型依附关系"。

此外，父母没有帮忙安抚情绪，孩子长大后比较容易有情绪调节上的困难。如果用英国发展心理学家约翰·鲍尔比（John Bowlby）的依附理论解释，不安全型依附关系还细分为很多种形态，但我统称为不安全型依附关系。

出生前几年和照顾者所形成的依附关系会跟着你一辈子。研究显示，幼儿时期与父母形成安全型依附关系的人，将来在亲密关系中比较有自信，能够信任另一半，并且能用较健全的方式解决问题。相反，有着不安全型依附关系的人，可能在亲密关系中常常没有自信与安全感。于是，他们可能会用激烈的手段争取另一半的注意，往往破坏了亲密关系。不仅如此，小时候和父母建立的依附关系，也会影响你将来会成为什么样的父母。我在咨询工作中也发现，父母能不能面对并处理孩子的需求和情绪，其实和父母从小被如何对待有关。所以，有些父母在孩子哭泣时会抚慰孩子，而有些父母却在听到孩子哭泣时感到焦虑、生气与烦躁。就像前面所提到的，觉察就是改变的第一步，当你意识到自己的童年如何用各种形式印刻在你的身上，你就能改变。只要开始觉察，就能够帮助自己和孩子形成更良好的亲子关系。

第二章

那些伤害孩子最深的事

每一个父母，都曾经是个孩子。我们在原生家庭受到的伤害，会改变我们的大脑神经回路，让我们不自觉地复制了原生家庭的伤害，用我们不喜欢的，甚至是极力避免的方式对待孩子。

本章将会彻底探究童年经验如何影响了你的教养模式，了解自己的行为对孩子造成了哪些影响，当我们看见这些伤害，就能避免或降低自己成为孩子恶性压力来源的可能。

1. 为何家会伤人

如果你已为人父母，请想象一下：有一台隐形摄影机跟着你一个星期，每天 24 小时拍摄你和孩子的互动状况。当你观看这段影片时，你会怎么形容镜头里的"你"？你会如何描述镜头里呈现的亲子关系？你又会如何形容影片中的这位爸爸或妈妈呢？如果把影片拿给陌生人看，你觉得他会如何形容影片中的这个家庭呢？

无形中复制的亲子关系

没有人一生下来就知道怎么当父母，很多人是在孩子出生后才开始学习如何教养孩子。但是，如果没有留意"我们对待孩子的方式"，很可能会在无形中使用熟悉的那套方式：刻印在我们身上的童年印记，也就是原生家庭的教养方式。

举个常见的例子：小女孩在公园玩耍时，玩具被另一个孩子抢走。小女孩很难过，跑去找妈妈，但妈妈却生气并不耐烦地对她说："这有什么好哭的，真没用！""哭什么哭，不准再哭了！"或者，妈妈大发雷霆地骂："你怎么这么笨？东西还被抢走了？"然后在公园里对那位抢玩具的孩子大声咆哮，愤怒地拉着小女孩的手离开。

不管妈妈用上述哪一种方式回应，小女孩感受到的都是："我的情绪不被接受""不可以有情绪""有情绪会让妈妈更生气""我有情绪时，妈妈就会对我失望"。而妈妈会这样对待小女孩，或许和她的童年经历有关。

小女孩的外公在车祸中意外丧生，外婆必须一个人抚养五个孩子。外公意外去世后，外婆承受不起这样的悲伤与经济重担，情绪起伏很大，有时候整天躺在床上睡觉，有时候会无缘无故对小女孩的妈妈大吼大叫，骂她是笨蛋，指责她："都是因为你，爸爸才会去世。"当时小女孩的妈妈只有9岁，是家中的大姐，必须承担起照顾弟弟妹妹的责任。妈妈在成长过程中，需要隐藏自己的各种情绪，如果外婆看到自己在哭，就会加以嘲笑或指责。于是，妈妈开始封闭情绪，更不知道要怎么处理各种感觉。

无意中，妈妈也用了同一套方式对待小女孩，因为童年时期只要有情绪就会被指责，所以妈妈没有机会学习如何调节自己的情绪，也无法面对别人的情绪。所以，每次看到小女孩难过哭泣时，妈妈就身体紧绷，心跳加速，烦躁的感觉快要把她压垮，于是对着小女孩大吼："不准再哭了，怎么这么没用！"

父亲的格局、母亲的情绪里，藏着家庭的温度

如果以大脑科学来解释，教养的确是以某种方式在世代间"遗传"。

小女孩的妈妈从小历经母亲的语言暴力、精神不稳定，父亲意外车祸去世等负面童年经历。长期这样的恶性压力改变了她的大脑，使她容易冲动反应，无法调节情绪。这样受创的大脑，让她更无法适当回应女儿的需求。于是，这位妈妈打骂、吼叫、羞辱小女孩。

在妈妈情绪伤害下长大的小女孩，大脑也因为恶

性压力而改变。当小女孩长大，生下自己的孩子后，听到孩子的哭声也可能有焦躁的情绪，看到孩子难过也不知道该如何面对，因为她在成长过程中，没有学会如何面对和调节情绪。为了赶快停止孩子的哭声，她对孩子大吼："不准哭！""我数到三，再哭我就打你！"若她的孩子在成长过程中不断受到这样的恶性压力，长大后也可能不自觉地把这样的伤害传给下一代。

这就是教养在世代间遗传的例子。在咨询过程中，我也看过许多父母无意识地用以往被自己父母对待的方式教养孩子，变成孩子恶性压力来源。除此之外，也有研究指出教养方式会传给下一代。

有个研究共追踪了三代的父子。一开始，研究人员筛选了约两百位九岁男童，检视这些男童与父亲之间的关系，以及父亲的教养方式。接着，一路追踪这些男童成年、结婚、生子，并研究这些男童成为父亲后的教养方式。

研究显示，如果男童的父亲使用正向管教——给予孩子温暖、一致性的教导，积极参与孩子的生活，在处理事情上不激烈反应，男童较容易适应青春期。不仅如此，当男童成为父亲后，也会使用正向管教方式对待儿女，他们的子女在正向管教之下也表现得比较好。

不管是前述的小女孩，还是三代父子研究，都告诉我们：如果父母没有觉察到原生家庭的影响，他们很有可能用相同的方式教养下一代。孩子借由原生家庭来理解这个世界，用自己被爱的方式来爱其他人，从爸爸或妈妈平复情绪的方式学习如何自我调节以及面对情绪，从亲子关系中认识人际关系。原生家庭的影响非常大，而且不只影响你，还会影响你的下一代、下下一代。

研究家族创伤的美国治疗师马克·沃林恩（Mark Wolynn）的著作《这不是你的错》（It Didn't Start With You），就是要表达原生家庭的伤害不是从你才开始。你的妈妈会这样对待你，有很大的概率是她在小时候也被外祖父母用同样的方式对待，而外祖父母对待妈妈的方式，可能来自你的曾外祖父母。

不管是前述的小女孩还是女孩的妈妈，都只是家庭创伤遗传中的一环，她们只能用有限的方式和能力对待下一代。

我们教育孩子，往往不是因为爱，而是因为害怕

本章一开始，请你想象有台隐形摄影机 24 小时跟拍你，录下你和子女的互动，然后请你用第三者的角度观看这段影片。现在，回想原生家庭里的亲子关系，再看看你与孩子间的互动，有没有看到相似的画面呢？如果你和孩子的相处模式和自己的原生家庭类似，也不要太讶异，因为大部分的人都是用自己所熟悉的方式教养下一代。

做家庭咨询时，我会请家长做个小活动："请回想你的原生家庭，然后找出三件你想沿用到现在家庭中的事情。另外，再找出三件想要丢掉，不带进现在家庭里的事情。"接着，我会请家长互相讨论原生家庭对自己的影响，以及原生家庭是如何影响现在家庭的。你也可以和另一半做同样的活动，一起思考、讨论各自的原生家庭如何影响你们所组成的家庭。

请记住，在原生家庭中受到伤害不是你的错，也不是你的问题，更不是从你才开始，这是从你的上一

代、上上一代遗传下来的。但是，你有办法终止这个循环，停止复制原生家庭里的教养方式。

觉察就是第一步，意识到原生家庭的影响，就可以阻止创伤遗留给下一代，给你的孩子更好的原生家庭。

2. 孩子，我不是故意要伤害你

我咨询过许多儿童、青少年和大学生，他们的许多痛苦来自父母、原生家庭。他们被亲生父母或亲戚性侵，受到肢体和言语暴力，目睹家暴，每天被父母贬低或是处处被批评；他们经历父母离婚，或是父母有心理疾病、酗酒、毒瘾而疏于照料。

年幼的孩子无法用言语表达这些伤害，只能用许多问题行为表现出来；年纪较大的青少年则一次又一次在咨询室中哭着问我："为什么妈妈总是没有办法理解，她不知道这样做很伤人吗？""为什么爸爸总是批评我，我什么都做不好，到底要怎么做才会让他满意？"

在咨询过程中，我也尝试和父母沟通，但是常常碰到令人气馁的状况，像是爸爸或妈妈认为："都是孩子有问题，我才没有问题。你赶快治好我的孩子！"

父母不愿意参与咨询疗程，只想要我赶快"改变"孩子，甚至抱怨："怎么咨询两个月了还没有改变？"然后气得不再让孩子接受心理咨询，也不再回复我的电话和信息。

听到个案描述家里带来的伤害，或是碰到让人气馁的父母时，我的心里也会产生许多负面情绪，也常常在想："这些父母为什么会这样？""怎么会有这么糟糕的爸爸妈妈？"直到有一天，我的督导问我："你觉得，这些父母是故意的吗？"

没有父母会故意破坏孩子的童年

"什么样的父母会故意让孩子受伤害？"咨询时，我常常问自己这个问题。

有一次，我翻到一对姐弟的档案，这两个孩子一个5岁，一个7岁，都有非常严重的情绪与行为问题。因为被染有毒瘾的妈妈严重疏忽，被妈妈的男朋友虐待，姐弟俩已经待过好几个寄养家庭。翻阅资料时，我心里想着："什么样的妈妈会让孩子变成这个样子？"

接着，我翻阅了这位妈妈的档案。我发现，这位妈妈在成长过程中也经历过许多创伤，包括多次被性侵、殴打，待过多处寄养家庭，最后逃离家庭在街头流浪。看着这位妈妈的资料，再看看孩子的档案，我看到家庭创伤的世代遗传在薄薄的几张纸上——列出来。我想起督导的话："你觉得，这些父母是故意的吗？"

谁会故意伤害孩子呢？我想应该没有人吧！我的督导有三十多年的儿童、家庭咨询经验，她从来没有见过故意伤害孩子的父母亲。这些父母用成长过程中的经验对待自己的下一代，因为这是他们仅知的教养方法。就像这对姐弟的母亲，用唯一熟悉的方式养育孩子。她爱孩子，也想把孩子从寄养家庭中接回来，但是她正不自觉地将自己的童年复制在孩子身上。

家庭里的伤害往往世代相传。很多时候，父母用不适当的方式对待孩子，因为自己小时候也被这样对待，也受过伤害。唯有被好好爱过的孩子，长大后才有能力好好爱别人。

当然，这位母亲的案例比较极端，你可能会说：

"我小时候没有被性侵，也没有到处流浪，我的童年没有任何创伤吧？"很多人听到"创伤"两个字会联想到许多"看起来严重"的创伤事件，像是天灾、失去家园、被抢劫，或是被性侵害。但是，很多父母对待孩子的方式也会给孩子造成伤害，像是对孩子吼骂、恐吓；把孩子关在家门外，让孩子活在被抛弃的恐惧中；威胁孩子"你再这样我就叫警察把你抓走"；父母亲情绪不稳，孩子每天都在害怕下一秒会不会又被责骂；父母亲对孩子处处挑剔，孩子觉得"爸妈不爱我""我永远不够好"。这些看似"教养"的行为，却可能让孩子时时刻刻恐惧、焦虑、没有信心，认为自己毫无价值，无法面对并处理情绪，或是当情绪来临时诉诸激烈的方式来麻痹自己的情绪。

有什么样的童年，就会成为什么样的父母

我相信，世界上没有故意要伤害孩子的父母。当父母没有好好检视自己的童年时，常常会不自觉用自己熟悉的方式教育下一代，造成家庭创伤的世代相传。

在恶性压力下长大的孩子，因为环境中充满威胁

与危险，让身体一直处于"反击或逃跑"的备战模式——身体和大脑习惯用情绪或是剧烈方式回应，也无法辨识自己的感觉和调节情绪。当他们成为父母后，可能无法适当回应孩子的需求和情绪，或是更容易在冲动下响应孩子，比如在生气时打骂孩子，说出伤害的话语。

回顾童年，你或许会意识到自己并没有被好好对待。童年伤害并不是从你才开始，因为，父母会这样对你，很有可能是因为他们以前也被这样对待过。但是，童年伤害可以在你这里停止，请记住，你就是你孩子原生家庭的造就者，你提供给孩子的成长环境决定了孩子的 ACE 分数以及将来的身心健康、工作成就、亲密关系。这不仅仅影响你的下一代，还将影响到接下来的每一个世代。

3. 尚未觉醒的父母，充满着虚荣心、控制欲、自负感

在阅读本节之前，先邀请你做个小活动。

请花几分钟时间，把眼睛闭起来，想象时光飞逝20年，有一天，孩子回家探望你，想象孩子20年后的样貌：

孩子会跟你说些什么？

他过着什么样的生活？开心吗？

他喜欢现在的工作吗？

他是个什么样的人呢？

他的朋友或伴侣又会如何形容他？

在你心中，孩子的未来是什么样子？

做父母是个充满挑战的工作。做儿童咨询时，我也遇到过许多焦虑的家长问："我该怎么做？""要

怎么教孩子?"市面上有琳琅满目的教养书,指导父母应该如何教育孩子。但是,不管这些教养书怎么说,我先问一个最重要的问题:"你希望孩子将来成为什么样的人?"

在你心中,孩子的未来会是什么样子呢?充满自信、能够面对挫折与困难、能够解决问题、有责任感、有自己的兴趣与专长、有良好的人际关系与亲密关系、身体健康、有稳定工作、尊重并乐意帮助他人、拥有快乐的人生。大多父母都希望孩子将来可以拥有这些特质,但是,在教养过程中,我们又花了多少时间帮助孩子培养这些特质呢?

如果成长过程中,我们只要求孩子"听话、成绩要好",那么,我们又怎能要求孩子在成年时立刻变得独立自主,能批判思考,能处理自己的情绪与挫折,还能找到自己的专长与兴趣呢?

你提供给孩子的原生家庭,塑造他成为什么样的人,就像你的原生家庭塑造了你,同样的,你也影响着孩子的将来。心理咨询时,我看到许多个案中的孩子没有自信,觉得自己永远不够好,受到焦虑症与抑郁症的困扰，觉得自己很没用，不值得被爱，受到挫折时会觉得世界要毁灭了，无法有稳定的亲密关系，也无法处理自己的负面情绪。这些痛苦的根源大多来自过去的创伤，很多时候来自他们的原生家庭。

不仅在咨询经验中能看到，前面提到的 ACE 研究也印证了童年恶性压力对身心的影响。ACE 研究指出，童年时期经历的伤害越多，成年后有身心健康问题的概率就越高。

这些伤害不仅仅是"看起来严重"的创伤，一些看似父母的管教方法，像是长期贬低、辱骂孩子，让孩子相信"我就是笨""我很丑""我不值得被爱""我永远不够好"等等，其实同样严重。甚至，我们从 ACE 研究中发现，父母长期侮辱孩子、让孩子觉得丢脸，这样的情绪伤害比起其他童年负面经验，会使孩子将来得抑郁症的概率更高。

不仅是身心健康状况，亲子关系也会影响孩子长大后的亲密关系。曾有研究请了 73 位成年受试者检视他们与父母间的关系，然后检测这些受试者与伴侣间的互动状况。结果发现，有父母提供温暖支持的童年的，孩子在亲密关系中较快乐，也较有能力解决亲密关系里的负面情绪，处理冲突。相反，若童年时期没有和父母形成安全型依附关系，这些人在爱情中难以正确处理自己的负面情绪和冲突。

这些研究都在告诉家长，你的言行举止、亲子间的依附关系，都无形中影响着孩子。那么，你想要给孩子怎样的童年呢？

没有错误的孩子，只有错误的家长

你就是你孩子的原生家庭，你对待孩子的方式、对孩子说的话，都会影响孩子的未来。读到这里，你可能会很紧张：是不是一旦做错了什么事情，就会对孩子造成严重影响？是不是当父母就必须完美？但是，世界上没有完美父母，每个人都会犯错，犯错是很正常的事情。所以，你不需要当完美父母，只要"尽力"当父母就好，那么，什么是"尽力"呢？

在教养上"尽力"就是成为"有意识"的父母——每一次回应孩子前能够意识到，你接下来要对孩子说的话或做的事会对孩子造成哪些影响。了解自己的行为对孩子造成的影响，就能降低自己成为孩子恶性压力的来源，减少伤害，并且提供给孩子更健康的童年。

▶▶ 练习2：想象孩子未来的模样

请想象时光飞逝20年，有一天，你的孩子回家探望你的情形：

1. 孩子会跟你说什么？

———————————————————————

2. 孩子过着什么样的生活？

———————————————————————

3. 孩子现在过得开心吗？

———————————————————————

4. 孩子喜欢自己现在的工作吗？

———————————————————————

5. 孩子是什么样的人呢？

———————————————————————

6. 孩子的朋友或伴侣会如何形容他？

———————————————————————

停止复制原生家庭的教养观，无条件养育

如果你生活在充满伤害的原生家庭，如果你的ACE分数还算高，恐惧与悲伤可能正席卷着你，认为童年经验已经决定了自己的一生，改变了你的大脑结构和身体压力反应。

你可能会担心："我的童年创伤经验会不会让我成为糟糕的父母？""我会不会跟我的爸爸或妈妈一样？""我会不会给孩子充满恶性压力的生长环境？"

或许，你发现自己正在复制原生家庭中的负面教养方式，意识到原来你正是孩子恶性压力的来源；或是孩子已经长大，进入青春期或成年，而你意识到自己已经给了他们充满恶性压力的童年。你可能会焦虑，想说："完蛋了，原来我是个糟糕的父母！"

这些焦虑和担心都是非常正常的情绪，请先做几次深呼吸。

好消息是，你仍然可以改变，学习如何停止复制原生家庭的教养方式，了解如何提供给孩子更好的原生家庭。如果你已经造成伤害，就算孩子已经成年，还是有机会和孩子谈论这些过去。你可以改变、修补

亲子间的关系，一切都来得及。

如果你读到这里，出现这些焦虑和担心的情绪，表示你意识到这些问题。你该感到开心，因为觉察正是改变的第一步，你正在往改变的道路上前进。这本书就是要帮助你改变，帮助你了解如何为下一代提供更好的原生家庭。因为，你就是你孩子的原生家庭，而你提供的原生家庭决定了孩子成为什么样的人。

前一章提到的 ACE 研究、脑神经科学、依附理论、教养遗传研究，都是在帮助你了解"现在的我是怎么来的"这一问题，我一直相信知识可以成为力量，当你开始理解，就能改变。你开始了解自己并不糟糕，也不是"有问题"，因为童年伤害或许可以解答许多情绪困扰和感情纠结问题。理解过去非常重要。当然，这并不是要你把所有问题都归咎于你的父母，毕竟父母也可能是家族创伤遗传中的一环，他们只能用有限的方式和能力对待你。你不需要立刻原谅父母，在心理咨询工作中，我看到许多个案由于上一代的关系而悲痛、焦虑，这样的伤害需要长时间细细修复。但是，你可以改变自己，改变不但能影响你给孩子的原生家庭，还会影响将来的每一代。

理解过去就能影响你和孩子间的依附关系。研究显示，孩子需要与主要照顾者建立"安全型依附关系"，将来才会有良好的亲密关系与人际关系。但是在美国，只有约一半人口拥有"安全型依附关系"，也就是说，美国约有一半人口有"不安全型依附关系"。这就表示，很多人因为童年不安全型依附关系，影响了成年后的各种人际关系，不仅如此，他们也会把这样的"不安全型依附关系"传给下一代。

但是，就像我一再提到的，你有办法改变，而且改变的第一步就是觉察过去，并且理解。"成年人依附关系访谈（Adult Attachment Interview）"研究成年人如何看待自己童年和父母之间的关系，以及如何解读童年发生的事情。研究人员分析这些被试对象如何回答，并从中了解一个人如何理解过去。譬如，有些人可以侃侃而谈他们觉得父亲哪些事情做得不恰当，对他造成哪些影响；而有些人听到问题时，只能摇摇头说："我不知道。"

当这些被试生儿育女后，研究人员再去检视被试和孩子间的依附关系。结果，借由被试的回答方式，也就是如何理解过去，可以预测他们和孩子形成哪一种类型的依附关系，准确率高达百分之八十五。结果显示，若被试能理解过去，就能与孩子形成安全型依附关系。正如美国精神科医生丹尼尔·西格尔（Daniel Siegel）所说："你如何理解过去，比发生的事件本身更重要。"

这个研究告诉我们，如果父母亲愿意花时间思考、觉察和理解童年经验，就是在帮助自己的孩子。

本书开头前两节就是在帮你觉察并理解童年经验造成的影响，而"觉察"正是改变的开始。近年来，脑科学研究兴起，让我们认识到大脑具有可塑性、可以改变。改变的方式很多，包括饮食、运动、情绪、思想、经验、心理咨询或是习惯，等等，都在形塑你的大脑。

本书的主要目的是帮助你改变，让孩子有更好的原生家庭。但是，要有良好的原生家庭，第一步就是觉察和理解你自己的原生家庭。阅读这几章时，或许你的心中已经开始理解哪些行为可能是由童年经验塑造而成。但请记得，这些理解无法一下子完成，或许接下来你还会觉察到不同的事情，把过去和现在连接起来。所以，多花时间思考自己的原生家庭，就有机会觉察到更多东西。

接下来，我会解释哪些言行会成为孩子的恶性压力，并在本书的第二部分提供改变的方法。当你觉察与了解后，就可以开始改变，学习用更正向的方式给孩子健康的原生家庭。

你就是你孩子的原生家庭，而你的改变不只影响你的孩子，还有接下来的世世代代。

第三章

当爱成为伤害：吓唬、控制、骄纵、威胁、利诱

打骂、批评，高度控制孩子的生活，这些我们习以为常的教养模式，其实正一步步伤害孩子的自尊心，破坏孩子未来的生存能力和情绪调节能力。

孩子的大脑尚未发育完成，如果我们没有引导孩子用适当的方式调节自己的情绪，他们就会被情绪掌控自己的行为能力，无法发展独立思考能力。

本章会由大脑构造讲起，认识孩子的大脑发育，我们了解了这些"教养方式"对孩子的伤害，就能有效地避免伤害。

1. 从大脑结构，了解教养模式对孩子的影响

做儿童咨询时，家长或老师经常询问各种问题，像"为什么他不能控制情绪？""为什么生气的时候就打人哭闹？""他都不肯收玩具，我一叫他就会生气地大声吼叫，怎样才能让他听话？"回答这些问题，就要从大脑介绍起。

大脑，这个神秘又复杂的器官和我们的日常生活息息相关——孩子能不能做出更恰当的决定，能不能想到行为带来的后果，能不能产生同理心，在生气或受挫时会怎么反应，能不能控制冲动，等等，都是由大脑控制。

孩子的大脑发展顺序：从情绪脑到理智脑

认识大脑的第一步，要先了解大脑如何发育。大

脑由下往上发育，最下方的区块先成熟，再慢慢往上发展，就像盖房子，先打好地基再慢慢往上盖。

大脑最下层称为"脑干"，掌控基本生存功能的区块，如呼吸、心跳等等。人类一出生，脑干就完全成熟，能够掌控基本生存本能。脑干上方是"边缘系统"，包含杏仁核和海马回等组织，用来处理情绪，因此又称"情绪脑"。婴幼儿的情绪脑已经开始运作，能够感受到危险、威胁、害怕等情绪。大脑最上层则是"皮质区"，又称为"理智脑"，负责我们希望孩子能够学会的事情，像是做决策、思考、计划、情绪调节等等。

但是，就像前面所提的，孩子的大脑就像施工中的房子，正由下往上慢慢盖。位于下层的脑干和情绪脑已经盖完，可以完全发挥作用，但是最上层的理智脑还没盖好。尽管我们希望孩子三思而后行，生气时能够调节情绪而不是冲动打人，紧张时能做点深呼吸而不是大声哭闹。但是，孩子的大脑还没完全成熟，无法完整发挥功能，父母不能期待孩子像成人一样成熟处理这些事情。

下层脑掌控情绪，上层脑掌控思考与决策

美国精神科医师丹尼尔·西格尔用一栋双层楼房来描绘大脑。房子的一楼通常是满足生活基本需求的地方，像是厨房、客厅、餐厅。因此，"大脑房子"的一楼称作"下层脑"，包含脑干和情绪脑，负责人类基本生存功能以及情绪；"大脑房子"的二楼则是"上层脑"，也就是理智脑，负责思考、做决定、情绪调节、道德批判、同理心等等。

很多孩子，尤其是婴幼儿，他们的行为仍由下层脑掌控。上层脑会在成长过程中慢慢成熟，大脑前额叶甚至要到 25 岁才能够完全成熟。因此，孩子做决策时有无法通盘思考，无法调节情绪，思想非黑即白等特点。

既然父母希望孩子学会的特质都由上层脑掌控，若上层脑还没发育成熟，该怎么办？

父母的教养方式决定孩子的行为模式

首先，大脑发育并不是一瞬间完成的，所以，孩子并不会在满 25 岁时突然变得能够独立思考、做缜

密决策、可以调节情绪或是具有同理心。大脑是可塑性很强的器官，孩子感受到的每一段经验，所做的每一件事情都会影响大脑发育。此外，就像锻炼身体肌肉一样，越常使用的大脑部位就会越强壮，也就是说，越常做的事情，大脑神经回路联结就会越强烈，事情就能越做越好。

大脑就像一栋双层楼房，楼上和楼下分别住着不同的人。房子一楼的居民负责人类基本生存功能以及情绪，是"下层脑"，包含脑干和"情绪脑"；房子二楼的居民负责掌控思考、做决定、情绪调节、道德批判、同理心等等，是"上层脑"，又称"理智脑"。（见图1）

图1：插画提供：Jenny Chen

情绪失控时，大脑房子会被掀起来，大脑被楼下的人占领了！因此，当孩子被"下层脑"，也就是"情绪脑"掌控时，孩子便无法理性思考，调节情绪。（见图2）

图2： 插画提供：Jenny Chen

既然每段经历都会影响大脑发育，父母就要注意了——我们对待孩子的方式、管教方法都会决定孩子使用上层脑或下层脑，然后决定他们哪一部分的大脑区块会越用越强壮。如果你希望孩子能够解决问题、思考、计划、调节情绪，那么，在孩子成长过程中，就需要教育孩子如何思考、如何处理情绪，并且提供机会让孩子运用"上层脑"，练习这些技能。因为，"上层脑"需要锻炼才会越来越强壮，如果孩子完全没有机会练习使用上层脑，就算满25岁了，他还是无法好好思考与调节情绪。

同样地，如果父母所使用的教养方式不断启动孩子的下层脑，那么，"下层脑"也会越用越发达。孩子更习惯直接使用"下层脑"来面对事情，像是在冲动下做决定，或是用剧烈的情绪或行为响应。

接下来，我会谈到父母各种言行造成的影响。在阅读时，请你把"上层脑"和"下层脑"的概念放在心中，在读每一章时想想看：这些管教方式是让孩子使用"上层脑"还是"下层脑"呢？

2. 打骂、吓唬、威胁，只会不断启动孩子的下层脑（情绪）

"我数到三，你再不过来我就要打你了！一、二、三……"

"你再哭，我就叫警察把你抓走。"

"你再继续吵，我就把你留在这里，不要你了！"

被骂、被恐吓、被威胁，这些话对很多人来说都不陌生，许多人在成长过程中也是被这样"吓大的"，但是，这些话真的有用吗？

父母威胁、恐吓孩子，又会造成什么影响呢？

当大脑感到危险时，身体就会进入"反击或逃跑"模式

前一节谈到，如果希望孩子有思考、批判的能力，父母就要让孩子有机会使用上层脑。这么说，可能会

让你误以为下层脑不重要，事实上，下层脑也非常重要，它能让我们应付紧急状况。

请回想一下，你是否曾遇到过：夜晚单独在外走动时，突然听到奇怪的声音。这时，你立刻感到心跳加速，全身肌肉紧绷，害怕与恐惧。接着，你了解刚刚的声音只是风吹动树枝，并没有危险，于是心跳缓慢下来，没有那么害怕了。

大脑杏仁核就像个"烟雾侦测器"，随时侦测周遭环境有没有危险。当你在宁静的夜晚独自行走，听到奇怪声音的瞬间，大脑杏仁核侦测到危险，就会传递讯息让身体立刻进入紧急备战状态。于是，你心跳加速，血压上升，呼吸急促，随着大量压力荷尔蒙的分泌，促使你精神亢奋，应付危险，这就是所谓的"反击或逃跑"模式。

杏仁核侦测到威胁，然后进入"反击或逃跑"模式的路径非常迅速，因为大脑存在的最重要目的是帮助你存活，所以，只要有任何威胁都会立刻准备好，面对危险。你可能还没有理解发生了什么事，但是身体已经进入紧急备战状态。

然后，当你了解刚刚的声音只是风吹动树枝而已，没有危险，这样的理性了解是上层脑的工作。杏仁核侦测到威胁后，也会传递讯息给上层脑，让上层脑判断发生了什么事情，但是这条路径的传递速度比较缓慢。当上层脑判断出没有危险后，就能够启动身体放松模式，让你肌肉放松，心跳速度和缓，呼吸不再急促。

用开车比喻，大脑感受到威胁而进入"反击或逃跑"模式就像踩油门，让你不断加速往前冲；而身体启动放松模式就像踩刹车，让你缓慢下来。开车时，踩油门和刹车间的平衡非常重要，如果不断踩油门而没有刹车，就会出问题。

当孩子被下层脑掌控，
就错失了练习思考的机会

感觉到危险与恐惧时，就会启动下层脑，让身体进入"反击或逃跑"模式。当下层脑被启动时，上层脑便无法运作，也就是说，被情绪掌控时，人是无法思考的。当家长打骂、恐吓、威胁孩子时，孩子的大脑杏仁核接收到的讯息是"有危险"，于是，身体进入"反击或逃跑"模式。这时候孩子被情绪掌控，上层脑无法运作与思考。

很多家长都会跟我说："孩子不乖，不听话，乱打人，顶嘴，玩具都不好好收，一直哭闹尖叫，我才会这样骂他。如果一开始就能乖乖听话，我就不需要这样恐吓他了！"的确，一天当中总会有那么个时刻，当你已经身心俱疲，孩子却做出许多和你预期相反的事情。请他把玩具收好，他却把更多玩具倒出来；告诉他要去洗澡了，他却开始哭闹尖叫说不要；叫他要好好对待妹妹，他却故意害妹妹跌倒。

我常常跟前来咨询的父母解释，孩子出现行为问题时，大多是因为被某些情绪困扰，可能是生气，觉得不公平，或是焦虑、恐惧。但是孩子不知道要如何调节情绪，也不知道如何表达，只能用行为表现出来，于是他尖叫、哭闹、打人、推人。

当孩子出现失控行为时，就是被下层脑掌控了。这时候，如果家长用打骂、恐吓、威胁的方式对待孩子，只会让孩子更恐惧害怕，加深下层脑的活化，于是，孩子更没有机会使用上层脑。

帮孩子辨认并谈论情绪，
是父母必须经常使用的教养练习

当孩子被下层脑掌控时，父母应该帮助孩子启动上层脑，一旦上层脑开始运作，孩子才能开始思考自己的行为、调节情绪。让孩子了解为什么这样做不对，这才是管教的目的。

帮孩子启动上层脑的方法很多，其中一个简单方法就是让孩子辨识现有的情绪。这时候父母要做的就是同理，并且帮助孩子辨识情绪，比如跟孩子说："他把你的东西抢走，你现在一定很生气吧！"或是问问孩子："他这样说，你有哪些感觉？"当孩子感觉到被了解，开始辨识自己的情绪，就可以启动上层脑，开始思考。

大脑是可塑的，越常使用的部分就会越强壮。如果希望孩子能够成为会思考、会调节情绪的人，就要经常帮孩子活用上层脑。打骂、恐吓、威胁只会不断活化孩子的下层脑，让孩子没有机会练习思考与情绪调节。在台湾地区，许多父母也不擅长和孩子表达自己的情绪。因此，帮孩子辨认并谈论情绪是父母必须经常使用的教养练习。

3. 再"适当"的体罚，都会对孩子造成负面影响

你可能会认为，父母自己情绪失控，用打孩子来发泄情绪，才会让孩子身体留下疤痕，心灵受创。但是如果用理性、平和的方式打孩子呢？

我们又不会让孩子受伤！其实，这种"适当体罚"也会造成负面影响。

体罚的负面影响，
与肢体虐待差不多

写这篇时，我特地查了"适当体罚"这个词，搜寻后也没有找到"适当体罚"的定义。所以本篇提到的"体罚"指的就是使用体罚管教孩子，想要改变孩子行为的方法。因为情绪失控打伤孩子则被称作"肢体虐待"，属于儿童虐待的一种，并不叫"体罚"。

所以，体罚有什么影响？我们先来看一下研究怎么说：

关于体罚，最新的研究是 2016 年发表的《体罚与儿童发展最新分析》（*Spanking and Child Outcomes: Old Controversies and New Meta-Analysis*）。研究人员分析归纳过去 50 年来关于体罚的研究，对象包含超过 16 万名孩童。研究结果显示：父母使用体罚来管教孩子，只会对孩子造成负面影响。这些影响包括：

1. 暴力倾向升高。

2. 反社会行为较多。

3. 可能会产生更多行为问题。

4. 有严重的心理情绪问题。

5. 亲子关系较差。

6. 认知能力和自尊心较低。

7. 成年后支持体罚比率较高。

研究结果显示，体罚对孩童没有任何正面影响。

参与这项研究的美国得州大学奥斯汀分校教授伊丽莎白·葛秀芙（Elizabeth Gershoff）在接受采访时也提到："社会大众都认为体罚和肢体虐待不一样，但研究显示，体罚造成的负面后果和肢体虐待差不多，只是程度稍微轻一些而已。"

体罚或许可以让孩子在短期内服从你的指令，但除此之外，只会造成负面影响。很多父母都是从小被打大的，所以体罚对他来说或许是个熟悉的管教方式。你可能也会觉得：用打的确很有效，而且也看不出对孩子有什么负面影响。但请记得，父母对孩子的伤害或许不会立刻显露出来，但是这些伤害可能会在孩子心里累积，衍生出许多问题。

打一巴掌再给一颗糖，反而更糟

很多人觉得，打完孩子后再变回温柔、充满爱的父母，安抚、抱抱孩子，就能冲淡体罚造成的负面影响。但研究告诉我们，事情可不是这样。

2014 年的一项研究检视了 8 个国家，超过 1000 对孩子与母亲。结果发现，就算是温柔、充满爱的妈妈，也无法消除体罚对孩子造成的负面影响。研究员兰斯弗德教授（Jennifer E. Lansford）解释："对于严重的体罚，打完后再温柔地安抚孩子并没有帮助，反而会让孩子更焦虑。"

兰斯弗德教授提到，目前还无法清楚解释：为什么体罚后再温柔地抚慰孩子，反而会让孩子更焦虑。但是兰斯弗德教授猜想，或许父母同时在孩子身上加以"痛苦"与"抚慰"时，让孩子太困惑了。这或许也解释了另一个现象：当父母体罚孩子后，态度较冷淡时，孩子的焦虑程度反而没有那么高。

如果以为体罚后多给孩子爱和温暖，就可以抵消体罚的负面作用，那就错了。无论如何修补，都无法消除体罚对孩子的影响。

体罚就是向孩子示范如何使用暴力，
孩子多半也会用暴力解决问题

还记得前面提到的上层脑和下层脑吗？体罚时，孩子的大脑会侦测到威胁，然后启动身体"反击或逃跑"模式，当身体处在压力模式之下，上层脑就无法思考。

当孩子做错事时，家长的管教目的是帮孩子理解"为什么做错事情"。但是，体罚会让孩子的注意力从自己的行为转移到即将被打而产生的害怕、恐惧情绪，像是："不公平，明明就是哥哥先打我，为什么要惩罚我！"当孩子被情绪占领，就是被下层脑掌控了，你就失去了让孩子思考、学习的机会。

大脑的主要功能就是让人免于痛苦，于是，为了逃离打骂，孩子可能会想尽办法避开，于是撒谎、躲藏，在遇到困难时宁愿身处危险，也不愿意告诉父母。如果孩子因为害怕打骂不敢在需要帮助时向父母求助，那么，父母就错失许多帮助孩子的机会。

除此之外，孩子有权利免于任何形式的暴力。体罚教给孩子的观念就是：你可以用暴力解决事情，尤其是面对比你弱小、无法抵抗的人。体罚就是向孩子示范如何使用暴力，所以孩子也会用暴力解决问题。

不只是孩子，有些时候，大人也会被下层脑掌控，这是很正常的事情。我常常提醒个案的父母："你被下层脑控制了吗？"被下层脑掌控时，你也会被情绪牵着鼻子走——吼骂孩子、丢东西，甚至举起手要打孩子。

若意识到自己被下层脑控制时，你要做的事情就是帮助自己启动上层脑。前面提到的辨识情绪法对大人也有用，你可以觉察自己的情绪，并且为这些情绪命名，像是对自己说："我现在觉得很生气。"另一个简单的方式就是做三到五次深呼吸，请把手放在肚子上，慢慢吸气四秒钟，感受到肚子往外膨胀，然后吐气八秒钟，感受肚子往内缩。吐气的时间要比吸气的时间长，才能传递讯息告诉大脑：现在没有危险，放松下来。

当父母被下层脑掌控时，就没办法好好思考，也可能会做出冲动的行为。被下层脑控制时，你没办法当一位"有意识"的家长。因为你的上层脑无法运作，无法思考你的行为会对孩子造成哪些后果，唯有启动上层脑，才能够有意识地去教养孩子。父母能够帮助自己启动上层脑的方法很多，而在这本书第五章，我也会提供给父母一些平复情绪的方法，让你被下层脑控制时赶快踩刹车。

时常提醒自己："我被下层脑掌控情绪了吗？"

4. 看不见的伤口：语言暴力反而伤害孩子更深

言语伤害不但没有教育效果，反而让孩子长大后，继续用这些负面核心信念看待、解读事情。成年之后，孩子可能在亲密关系中没有安全感，在职场上处处碰壁，或是承受着各种身体健康或心理情绪问题。

父母的语言暴力打击了孩子的自信心

我曾经接待过一位美国大学四年级的女孩，她来咨询室时正受到严重的焦虑症困扰。她告诉我，上台报告都会让她恐慌症发作，像是心跳加速、全身冒汗、颤抖，觉得自己快要不能呼吸，要昏倒了，原因是她认为台下的人一定会觉得她讲得很糟糕，觉得她很差。不仅是课堂报告，面对刚认识的人她也会觉得焦虑，觉得每个人都在批评她。升上大学四年级，她开始担心找工作问题，她投递出很多简历，但两个月内并没有收到任何回复，于是她就认定："完蛋了，我一定很烂，所以没有公司要录取我！"

某次的咨询过程中，我们谈到如果毕业后没有立即找到工作最糟糕的后果。她说："如果找不到工作，就必须回家乡跟爸爸妈妈一起住。这样，爸妈一定会瞧不起我。"

回顾童年，她有两个在求学路上非常顺利的姐姐。她经常被拿来与姐姐做比较："你怎么这么笨？""为什么姐姐这科拿满分，你就不行？""姐姐一升上大四就拿到了公司的录取通知，你怎么还没找到工作？"不仅爸妈数落她，连两个姐姐偶尔也会嘲笑她，譬如家族聚会时在所有亲戚面前询问她的期中考试成绩，让她当众出糗。成长过程中被批评让她非常焦虑，也会让她先入为主地认为"别人一定认为我不好"。因为，从小到大，她都是最笨、最没用的那个。

嘲讽和贬低的话语，从来不能激励孩子

很多人回顾童年时，觉得自己的童年并没有什么

创伤，毕竟"创伤"两个字听起来很严重，好像"看起来严重"的事情才算数。或是，你可能会觉得"比起被暴力相向或是性侵害，我只是被爸妈偶尔嘲笑一下而已，这应该不算什么吧！"但是事实上，并没有哪种创伤比较"不严重"。

本书第一章介绍的 ACE 研究询问了 10 种创伤经验，研究人员分析后发现：每一种创伤造成的伤害都差不多，并没有哪种特定的创伤事件"胜过"其他种类。也就是说，不论是被父母羞辱、嘲讽还是家人有酒瘾问题，这些恶性压力所造成的影响和肢体暴力或是性侵害相似。相对于较明显的暴力行为，语言伤害看不见，也常常被忽略，甚至被合理化为管教的手段。

美国一份 2014 年发表的报告，检视了 5600 多名青少年，询问他们过去是否遭受过肢体虐待、性侵害或是情绪伤害。问卷中提到的情绪伤害就是询问"父母亲或其他主要照顾者是否恐吓、羞辱、贬低、威胁过孩子"等等。结果显示，这些青少年中约有百分之六十二的人曾经遭受过情绪伤害。不仅如此，受到情绪伤害的孩子，患焦虑症、抑郁症以及有自杀倾向的概率和被肢体虐待、性侵害的孩子差不多。研究还指出，比起肢体暴力和性侵害，"情绪伤害"与抑郁症、焦虑症、亲密关系问题以及酒精成瘾有更强的关联性。

提出这个研究并不是要比较各种创伤事件，因为，每一种创伤对孩子来说都非常严重。但是父母可能不这么认为。你可能会觉得，这些嘲讽、贬低的话语是为了激励孩子，让孩子更上进。但是许多研究都告诉我们，这些伤人的话语不但没有效用，反而会让孩子在成年后，受困于各种身心健康问题。

1句负面话语造成的伤害，
需要5句正向的话语才能平衡

台湾人本教育基金会曾经做过"破坏性语言"调查，在网络上选出成长过程中听过的负面言语。其中，最常见的伤人话语包括：

"我怎么会生出你这种孩子？"

"你怎么这么笨！"

"你让我很失望！"

"你很没用耶！"

"这种成绩，你没救了啦！"

"这很简单啊！为什么你不会？"

"你没那个天分啦！"

"我不是教过你了吗？"

父母说这些话时，可能正在发泄情绪，可能觉得这样能激励孩子。但是，这些话语却会让孩子形成"负面核心信念"。

"核心信念"指一个人对于自己的信念——觉得自己是个怎样的人，别人如何看待你以及人与人之间如何相处。孩子从日常生活中的经验形塑这些核心信念，这些信念又影响了孩子如何解读、看待事情。譬如，如果孩子每次生气都会被父母指责"不可以生气"，他可能就会认为"生气是不好的"。于是，长大后，他遇到另一半生气时就会逃开，甚至回避冲突与对话，因为他害怕面对生气，不知道该怎么处理。不论是嘲笑、侮辱、贬低，还是不断地指责与批评，这些话都可能形成孩子的核心信念——孩子开始相信"我很笨""我就是比别人差""我不值得被爱""都是我的错""我就是很胖、很丑""我永远都做得不够好"。

长大后，孩子会带着这些信念生活，他可能会对别人的批评很敏感，认为每个人都在指责他。这些信念让孩子有着强烈的羞耻感，讨厌自己、自残，或认为"我配不上好东西"。

或许，父母是想教育孩子，但是这些语言伤害不但没有效果，反而让孩子成年后，继续用这些负面核心信念看待、解读事情。孩子可能在亲密关系中没有安全感，在职场上处处碰壁，或是会承受各种身体健康或心理情绪问题。

之前，我曾请你做过一个小活动，想象有台隐形摄影机每天跟拍你和孩子的日常互动。现在，请回想脑海中的那段"影片"，数数看：一天中，你对孩子说过几句负面话语，几句正向话语？

许多父母在成长过程中也不断听到负面话语，这些批评与指责是我们熟悉的沟通方式，于是，我们不自觉地对孩子说出这些语言，而这些语言将变成孩子的恶性压力来源。

研究显示，每一句负面话语需要五句正向话语来平衡，才能维系良好关系。许多父母不擅长和孩子说正向话语。但是，大脑有可塑性，我们可以借由经常练习"说好话"，让大脑使用负面语言的神经回路慢慢消失，让使用正向语言的链接越来越强壮。所以，本书第六章，我会教你如何赞美孩子，并且和孩子建立更正向的亲子关系。

5. 控制型父母让孩子过度自责、焦虑与抑郁

"控制型父母"就像直升机一样哒哒哒地盘旋在孩子头顶上，大大小小的事情都帮孩子做决定，指导孩子应该怎么做，决定孩子该穿哪些衣服，玩具该怎么玩，要学哪些才艺；长大后，帮孩子决定大学该读什么科系，该选哪所学校，要不要念研究生，要不要出国念书，要去哪里工作，甚至选谁当另一半。

父母控制欲越强，孩子越容易自责

在成长过程中，许多父母急迫地告诉孩子："你应该这样做才对！"毕竟，你也曾经跌跌撞撞走过这些路，希望孩子不要重蹈覆辙，不要受同样的伤害，希望孩子可以得到更好的。

父母想要保护孩子并没有错，但是当保护变成干

预和控制时，却会变成伤害。2016 年由新加坡大学发表的研究指出：**当父母控制欲越高时，孩子越容易自责、焦虑以及抑郁。**

这份研究花了 5 年追踪 300 名 7 岁孩童与其家长。实验一开始，研究人员请孩子在限定时间内拼完拼图，家长则被告知："你可以自由帮助孩子。"研究人员在旁观察家长如何协助孩子。有高度控制欲的家长会不断干预、告诉孩子该怎么做，插手纠正做错的地方，甚至直接帮孩子完成拼图。

接下来几年，研究人员从家长、孩子与学校老师的报告来检视孩子的自我批判程度。此研究是为了探讨：为什么有些孩子会发展出"不良型完美主义"？完美主义分成 "良好型完美主义"和"不良型完美主义"两种。拥有良好型完美主义的人能够投入心力去尝试，但是不良型完美主义的人则会过度沉浸于自我批判，以及担心别人如何看待自己。这份研究想探讨不良型完美主义的成因：是源于家庭的社会经济地位，孩子的性格或气质，还是家长的教养方式？新加坡大学洪莱恩教授（Ryan Hong）解释：

"结果显示，家长的控制与干预会影响孩子自我批判程度。"当家长高度控制与介入孩子的生活时，无形间传递的讯息就是："不管怎么做，你都不够好。"因此，孩子变得害怕犯错，就算只是非常微小的错误，也常常自我责备，怪自己不够完美。这些孩子容易过度自责，除此之外，也有较高概率的焦虑以及抑郁症状。

过度介入孩子的生活时，他们错失了学习的机会

新加坡大学并非研究首例，澳大利亚悉尼大学的马克·戴德教授（Mark Dadd）也做过类似的研究，并强调，研究结果应该广泛传递给家长，父母才能有正确的教养观念——退一步，让孩子有机会尝试与解决问题。

美国中学教师杰西卡·莱海（Jessica Lahey）也呼吁家长适度放手。她在书里提到了类似的研究，研究员观察孩子玩耍时身旁母亲的干预程度。控制型妈妈常常干涉、纠正孩子，而支持型妈妈愿意让孩子试着想办法解决。接着，研究人员让孩子独自解

决任务，结果，控制型妈妈的孩子一碰到困难就放弃；相反，支持型妈妈的孩子则愿意在困难与挫折中继续尝试。

当家长过度控制以及介入孩子的生活时，孩子就错失了学习机会。常见的过度干涉包括：两个孩子为了抢玩具起争执时，妈妈立刻告诉孩子"猜拳决定谁先玩"；当孩子写作业遇到困难时，爸爸直接告诉孩子该怎么做，或是帮忙完成；所有日常小事爸妈都帮孩子决定好了，孩子没有机会做选择；孩子不小心犯错时，爸妈激烈指责，让孩子更害怕犯错。

在父母高度控制的环境下，孩子失去了尝试解决问题的机会。如果没有机会让孩子建立自信与能力，孩子就会更不敢尝试，不敢犯错，常常责怪自己。于是，他们更容易焦虑，依赖大人替他解决事情，更容易有抑郁倾向。

忍住，别插手，相信孩子有自我管理的能力

本书第二章第三节开头，我请你做了个想象活动——在脑海里想象 20 年后，孩子是什么样子。如

果你希望孩子将来能够成为独立的大人，就要给孩子机会尝试自己解决问题，有机会犯错，鼓励孩子从错误中学习。孩子可能会失败，搞得一塌糊涂，感到挫折，需要尝试好几次，并且面对失败的后果。父母当然不想看到孩子受挫或是伤心难过。但是，这些是成长的必经过程。的确，孩子有时候需要家长的介入与帮忙，但多数情况下，你可以做的是陪伴与支持，让孩子自己解决问题。

让孩子有机会尝试、失败。再尝试，就可以理解失败是难免的，就不会认为自己是一个"失败的人"；孩子可以体验到犯错没什么了不起，再试试就好。当我们放手，就可以发现，孩子能做的事情比我们想象得多很多。

看完本篇，如果发现自己是控制型家长，请时常提醒自己："我需要放手，让孩子自己解决问题。"有些时候，自我提醒可能还不够，需要伴侣或朋友帮忙，在过度干预孩子的生活前，提醒或阻止你。

如果孩子已经习惯父母帮忙做各种决定，那么，放手初期你可能会发现："孩子根本什么都不会啊！"

当然，以前都是你帮孩子决定并完成，所以孩子没机会练习。让孩子自己做决定需要时间，你可以告诉孩子："这件事情你可以自己做决定。"或是问孩子："你觉得该怎么做？"然后请放手，让孩子有机会尝试。

6. 成绩不好，爸妈还会爱我吗？

如果问父母："你希望孩子长大之后成为什么样的人？"大部分的父母会回答："希望孩子成为健康、快乐的人。"父母觉得自己重视孩子的快乐，但是，孩子接收到的讯息却不是这样。

别让孩子觉得"考得好，爸妈才会爱我"

美国哈佛大学研究人员询问约一万名高中生："善良、关心他人""功课好""当个快乐的人"这三种特质，你觉得哪个最重要？你认为父母觉得哪个特质最重要？结果发现，有百分之八十的孩子觉得，比起"快乐"以及"善良"，父母认为"成绩好"更重要。高比率的孩子同意"比起当个善良的人，如果在班上有好成绩，父母会更以我为荣"。

为什么亲子间的认知差异这么大？

请试着回想，你平常的行为传递给了孩子什么样的讯息？

成长过程中，考试成绩一直与"父母的爱""称赞""奖励和惩罚"紧密联系在一起。当孩子带着100分的考卷回家时，家长笑眯眯地给予称赞和奖品；孩子考不好时，回家面对的是气冲冲的父母以及责骂与惩罚："怎么考得这么差，我花那么多钱让你去补习，你都在干吗？""这么简单，为什么不会？""怎么这么粗心，你到底有没有脑子？""功课一直退步，不准玩计算机、打电动！""考这么差，你要气死我吗？""我以前成绩这么好，怎么会生出你这么笨的孩子？"

当"成绩好"与"父母的爱"画上等号时，孩子感受到的就是有条件的爱——考得好，爸妈才会爱我，如果没有达到爸妈的标准，他们就会对我很失望。孩子不仅会从自己身上，也会从兄弟姐妹身上感受到父母有条件的爱。曾经有人对我说："我小时候成绩并没有很好，但哥哥成绩非常好，父母从来没有对我说过，'你的成绩怎么这么烂。'但是我可以感受到，他们在亲戚朋友面前讲到哥哥时，眼神和声音充满着骄傲和快乐。他们从来没有对亲戚朋友称赞过我，我在他们眼里完全不重要。"这些"父母没有说出口"的比较，让他在成长过程中感到自卑，没有自信，觉得自己不被爱，处处不如人。

父母期望过高，孩子表现反而较差

父母对孩子的期望，的确会影响孩子的课业表现。许多研究都指出，当父母对孩子的学业表现抱有期望时，孩子的成绩较好。

但是很多人不知道的是，当期望太高，反而会造成反效果。一份德国的研究花了5年追踪3500多名中学生，检视孩子的数学成绩和父母期望值的关联性。结果发现，当父母期望太高，不切实际时，反而会让孩子的表现变差。

失去平衡的期待不仅无法帮助孩子，还可能让孩子产生许多心理痛苦。从上一段的个案经历来看，我听到的是：他在成长过程中不断感受到"爸爸妈妈不爱我""我永远都不够好""我很差、很笨"。这些过高的期望变成了他的重担，压得他喘不过气。

不要为了成绩，破坏最重要的亲子关系

我们生活在高度重视学业成绩的社会，许多家长因为孩子的成绩不理想而责备孩子，甚至造成亲子关系恶劣。孩子花大量的时间在学校、安亲班、补习班，牺牲了运动、睡眠、玩乐、社交、探索兴趣等等重要的成长过程。回到家后，亲子间的对话也局限在学业表现上——"今天上课乖不乖？""考试考几分？""功课写完了吗？""怎么还在看电视，还不赶快去念书？""怎么考得这么差，到底有没有用心？"当亲子间的互动围绕在考试成绩上，孩子当然会觉得："爸爸妈妈认为成绩好才是最重要的，如果成绩不够好，爸爸妈妈就不会爱我。"

现在，请回顾一下日常生活中的亲子对话：你是不是花了太多时间关注孩子的成绩？花太多心力督促孩子念书，或是指责孩子考试考得不好？花太多时间唠叨作业写完没？也请你问问自己：有没有每天花时间和孩子聊天？问孩子有什么心情和想法？有没有花

时间和孩子好好坐下来，关心他的生活，问问他最近有没有什么挫折，或是需要帮助的地方？有没有花时间了解孩子的兴趣，孩子喜欢做哪些事情？或是花时间跟孩子一起做他喜欢做的事情？你是不是因为太重视成绩，而忘了欣赏孩子善良、体贴、负责任，愿意帮助他人等这些重要特质？

许多父母过度重视成绩，让孩子不断承受压力，害怕犯错，过度沉浸于"我要完美"的想法之中，甚至误以为成绩高低代表一个人成不成功，认为考不好就是个失败的人。

传统上，父母认为成绩好，考上好学校就代表孩子有美好的未来。但是，成绩并不是决定成功的关键，请不要为了分数，破坏你和孩子间最重要的亲子关系。

第四章

不敢说的秘密：家暴、离婚、性侵

　　家应该是孩子的避风港，父母应该是孩子可以信任的人。但是，在许多家庭，却并非如此。家暴、性侵、离婚，父母酒瘾、药瘾问题每天都在发生，这些大家"不敢说的家庭秘密"，却是许多孩子一生的伤痛。这些创伤发生的频率，也远超我们的想象。

　　本章除了告诉我们，假如孩子遇到这些状况时我们该怎么处理、该怎么面对孩子，还有最重要的：我们该怎么避免这些情况。

1. 我才是家里唯一的大人

不论父母有心理疾病、酒瘾毒品问题、犯罪史，还是太沉溺于痛苦之中而无法承担家长该有的责任；当父母无法当个父母时，孩子就需要当个大人，承担父母的义务和责任，失去当孩子的机会。

当父母无法当个"父母"时，
孩子被迫变成"大人"

"有印象以来，妈妈总是在吃药，在床上睡觉或是在哭。爸爸说他工作很忙，所以照顾妈妈是我的责任，我要让妈妈开心起来。但是不管我怎么做，就是没有办法让妈妈开心。于是我开始想，是不是我做得不够好？是不是我哪里有问题？"

"我家是一般人称羡的'完美家庭'。爸爸和妈妈都拥有高学历和高薪工作。我们住在很不错的房子里，每年定期出国玩，也拍了许多全家福。照片里大家都笑得很开心，生活好像很快乐。"

"但是，我印象中的童年，快乐都是假象。妈妈情绪非常不稳定，我完全无法预期接下来会发生什么事情。妈妈可能会开心地带我去吃冰激凌，吃完后就开始对我咆哮：'你已经这么肥了，怎么还一直吃！丑八怪！'"

"每天起床，我不知道妈妈今天的心情如何。只要妈妈心情不好，每件事情都会指责我，甚至诬赖我。我只能静静地听她谩骂、侮辱我，朝我丢东西，暗自希望她赶快骂完，或许等一下又变成心情好的妈妈，然后带我去买衣服。"

"我无法理解妈妈为什么会这样，我一直以为是自己做错了什么事情，妈妈才会突然生气。"

很多人的童年就像上述形容的——充满困惑、无法预期、没有安全感，甚至认为是不是自己做错了什么，爸爸或妈妈才会出现这些问题。当父母亲有心理疾病，像是抑郁症、躁郁症或是其他精神疾病时，孩子往往充满困惑。他们无法理解父母是因为生病，才会出现这些行为以及情绪上的转变。孩子感受到的是："我一定做错了什么""是我不好""我很糟糕""我没有办法让他们开心，所以爸爸妈妈才会这样"。这些情绪和想法让孩子形成负面核心信念，充满羞愧或自责。

父母有心理疾病，孩子可能因为怕丢脸，所以不想让同学和老师知道。孩子不希望爸妈到学校去接他，不想让爸妈参加家长座谈会，也不敢邀请朋友到家里来玩。因为他无法预期：本来对朋友笑眯眯的妈妈，会不会突然心情不好，然后对朋友破口大骂。

有个孩子这样描述："妈妈每天都在睡觉，爸爸又忙着工作和照顾妈妈，而我是姐姐，我要帮爸爸妈妈处理家事和照顾弟弟妹妹。于是，我包办了家里大大小小的事情，洗衣服、打扫，煮早餐给弟弟妹妹吃，督促弟弟妹妹写作业、订正考卷，我还负责督促妈妈吃药。我觉得，我才是家里的大人，我要照顾好每一个人。"

"或许是一直以来扮演着照顾者的角色，长大后，我希望所有事情都在控制之中。朋友都说我是个控制狂，如果事情不按照我的计划执行，我就会非常焦虑，仿佛天要塌下来了。"

当父母"无法当个父母"，孩子就被迫变成"大人"，取代父母的角色，承担父母的责任和义务，失去了该有的童年。

警惕孩子被迫扮演各种角色的情况，
比如家里的"小英雄"

我咨询过一个男孩，4岁被送到寄养家庭时，隔天早上，他自己打开冰箱踩着夹层往上爬，伸手拿冰箱里的麦片加牛奶当早餐。这是男孩从原生家庭学会的事情——什么都要靠自己，没有人会照顾你。

因为酒精和毒品，男孩的亲生父母疏于照顾孩子。生活在酒瘾问题家庭的孩子并非少数，父母亲酗酒不但会影响孩子的情绪、行为、学校表现，还可能让孩子长大后酒精成瘾的概率更高。在父母有酒瘾的家庭里，孩子学会假装一切都很正常，学会对外隐瞒父母的酒瘾问题，并学会承担一些家中角色。通常，家中会由孩子扮演"英雄"——扛下父母的责任，打理家中大大小小的事情，在学校表现优异，让大家觉得这个家庭很正常。"英雄"小孩因为需要当个"大人"，常常不知道怎么玩和放松；长大后，他可能会沉迷于工作，被高度控制欲或是强迫症困扰。这些"英雄"长期以来都在照顾别人，习惯压抑自己的情绪和需求，长大后也会在亲密关系中遇到很多问题。

另外，有些孩子会扮演"代罪羔羊"，在学校出现各种行为问题，成为家里关注的目标——因为，当所有人都把问题怪罪在这个孩子身上时，就可以避谈酒瘾问题。有些孩子则是"隐形人"，不管在学校还是家里都不被人注意，安安静静，把所有情绪压抑在心中。

最后，有些孩子会成为家里的"吉祥物"，常常耍宝搞怪、逗大家开心，使家里充满欢乐，掩盖问题。这些孩子在成长过程中不断娱乐他人，惹得大家哄堂大笑，但是内心常常感到孤单，没有安全感。因为习惯以搞笑姿态面对外界，在工作上甚至是朋友圈中，大家只看到他们搞笑的一面，而不愿意真正了解或是倾听他们。

功能失调的家庭，给孩子带来诸多伤害

不管是"英雄""代罪羔羊""隐形人"还是"吉祥物"，都是孩子在功能失调的家庭中需要扮演的角色。功能失调的家庭可能由于父母有心理疾病、酒瘾毒品问题、犯罪史，或是太沉溺于苦痛之中而无法承担作为家长该有的责任。当父母无法当个父母时，孩子就需要当个大人，承担父母的义务和责任，失去当孩子的机会。

如果发现自己的原生家庭功能失调，导致你在童年时期需要承担大人的责任，请花点时间思考：这些成长经验对你造成了什么影响？请拿起纸笔写下自己的 5 个负面核心信念，然后想一想自己的童年经历：你觉得这些负面核心信念是怎么来的？谁灌输给你这些想法？

如果功能失调的原生家庭带给了你太多伤害，希望你能鼓起勇气，寻求专业心理工作者的协助，帮助自己复原。不管是花时间理解过去，还是花力气疗愈，你的努力或改变都是在为下一代。如果你现在正被酒

瘾或是心理疾病困扰，或是伴侣有这些问题，也请寻求专业协助。只有父母调整好自己，才能给孩子健康的原生家庭。

▶ 练习 3：写下自己的负面核心信念

童年的各种伤害，都会塑造影响一生的负面核心信念。请写下自己的 5 个负面核心信念：

1. _____

2. _____

3. _____

4. _____

5. _____

接着想一想：

这些负面核心信念是怎么来的？

_____

谁灌输给你这些想法？

_____

这些负面核心信念对你造成了什么影响？

_____

2. 目睹家暴：另一种隐形的伤痕

目睹家暴的儿童不在少数。在美国，估计有1500万儿童生活在家暴家庭中，有超过4000万成年人在小时候曾经目睹家暴。台湾地区的报道也指出，每年有超过10万儿童目睹家庭暴力。

"童年时期看到爸爸打妈妈，我无法理解。在我眼中，爸爸是个完美的人，他是律师，在外面对人非常和善亲切，每个人都很喜欢他。但是对妈妈来说，爸爸是个梦魇。常常只是讲一下话，就会演变成非常激烈的争吵，爸爸会朝妈妈丢东西、吼骂、拳打脚踢。小的时候，我一直以为每个家庭都是这样，长大后我才发现，原来我的家庭不正常。"

"4岁的时候，某天半夜，我在妈妈的尖叫声中醒来，这是我第一次看到爸爸殴打妈妈。从那个时候开始到高中毕业，我经常在晚上听到推打、吼叫、尖叫、哭泣声，有时候我会在房间里对着爸爸大吼，叫他住手，有时候我会躲在棉被里面。"

"我觉得自己才是家里'真正的大人'，我是独生女，所以保护妈妈是我的责任。我从小就告诉自己，绝对要逃离这个家，过更好的生活。于是，我凡事追求完美，对自己的要求非常严格。我也非常成功，一路以优异的成绩到大学毕业，然后找到高薪工作。但是，就算现在的生活看起来光鲜亮丽，我还是会觉得孤单、空虚，觉得很不安，觉得自己不值得拥有现在的生活，觉得羞愧。好像再怎么努力，都无法弥补童年时期的创伤。"

以上两段描述，来自童年目睹家暴的幸存者。"家暴"是父母之间以暴力对待，或是单方面暴力对待对方。尽管 ACE 测验只询问妈妈是否被家暴，但是男性也可能是家暴受害者。"家暴"不仅仅是肢体暴力，也包含言语暴力或性暴力。孩子生活在这样的成长环境，就称为"目睹家暴"。尽管字面上有"目睹"两个字，但是孩子不一定会直接看到暴力现场，可能是听到殴打的声音，或是看见爸爸或妈妈身上的伤痕等等。

这些在家暴中长大的孩子会觉得孤单，因为在成长过程中找不到人诉说这些家庭暴力。不仅如此，这些孩子还要装作一切都很正常，他们觉得让别人知道家中的状况会很丢脸，所以不能让其他人发现。目睹家暴和其他负面经验不太一样，孩子并没有被打或是被骂（虽然，目睹家暴的孩子，遭受肢体暴力与情绪虐待等的概率也很大）。就算孩子不是加害者主要的攻击目标，但是看着父母起争执、互相吼骂、丢东西、拳打脚踢，这些刻在孩子身上的隐性伤痕，也会造成许多负面影响。

尽管不是直接受害者，家暴也会对孩子的
身心造成巨大负面影响

看见不断上演的家庭暴力，也会让孩子产生许多负面核心信念。还记得前面提到的上层脑和下层脑吗？孩子感受情绪的下层脑已经成熟，但是负责思考与理解的上层脑还没成熟。于是，孩子完全可以感受到家庭中的暴力与高涨的情绪，却没办法理解其发生

的原因。孩子可能会认为："这是我的责任，我应该阻止爸爸。"或是"是我的错，我没有保护好妈妈。"因为自己没办法阻止家暴而感到羞愧，或深深自责。孩子在成长过程中也可能累积许多憎恨与愤怒，像是怨恨爸爸为什么这样打妈妈，或是看到其他人的快乐童年感到不公平。这些长年累积的愤怒可能会让孩子产生暴力与攻击行为，甚至在成年后变成"见不得别人好"的人，希望看到别人受苦，自己的内心才得以平衡。

目睹家暴的孩子也可能感到悲伤、失落、孤单，甚至绝望，好像不管怎么做，都无法改变自己的家庭。

父母应该是孩子可以信任的人，让孩子觉得安全可靠，但是如果孩子连最值得信任的人都无法依靠时，孩子长大后在亲密关系或是人际关系中也会产生许多障碍，造成冲突，陷入困境。

尽管不是直接受害者，目睹家暴对孩子的身心健康也有长远的影响。研究显示，目睹家暴的儿童在成年后试图自杀、毒品与酒精成瘾、从事暴力犯罪的概率更高。不仅如此，目睹家暴也与焦虑症、抑郁症、亲密关系问题、职场问题有高度关联性。甚至，目睹家暴的孩子长大后，成为家暴加害人或是受害者的概率也很大。

有家暴经历的孩子，成年后多半会有家暴的倾向

联合国儿童基金会指出，预测一个人是否会成为家暴加害者或是受害者的最佳方式，就是看他们的成长过程中有没有经历家暴，因为家庭创伤会世代相传。

若小时候曾经目睹家暴，请花点时间思考：目睹家暴对你有哪些影响？和现在的生活有哪些联结？哪些负面核心信念可能来自目睹家暴？如果你现在正遭受家暴的伤害，阅读这章时可能会产生很多负面情绪。

家暴问题很复杂，每个人的状况和资源都不一样，没有绝对的解决方法。面对家暴，只有你最了解自己的状况，知道怎么做最安全，对你的孩子最好。尽管如此，你也不必孤单面对。你可以对外寻求协助，找家人或朋友帮忙，或寻求专业人士的帮助。像是家暴相关社会机构，这些受过专业训练的人士可以帮助你

思考"接下来该怎么做"。你所跨出的任何一步，都是在帮助你，还有你的孩子。

Note：

如何快速找到周边的专业反家暴机构？下面的链接收集了全国各地的反家暴组织及其联系方式，如遇伤害，请及时求助。http://www.360doc.com/content/17/0513/07/2646494_653433180.shtml

而最现实有效的办法，就是在事后或发生危险时机智找到方法向公安部门求助或报警。

3. 为了孩子，我们不能离婚？

检测童年负面经验的 ACE 测验里，问到父母亲有没有离婚。在这个离婚普遍的社会，看到这个题目可能会让你担心，这是不是代表"为了孩子，我不能离婚"？

离婚是否影响孩子，
取决于大人对待离婚的态度

父母离婚的确会对孩子造成很大的影响，毕竟家庭是孩子的生活中心，离婚对孩子来说就像他们失去了全世界。研究指出，父母离异的孩子患抑郁症或情绪及行为问题的概率较高，成年后离婚的概率也较高。

从研究结论来看，好像父母离婚就会让孩子发展不健全。但是，这些数据并没有告诉我们故事的全貌——许多离婚家庭下的孩子都发展得很好，没有心理或行为问题。离婚如何影响孩子，取决于父母面对离婚的态度，以及离婚后如何对待孩子。若离婚后，父母只考虑自己的需求，完全忽略孩子的需要，就会对孩子造成很大的伤害。

离婚在现代社会很普遍，如果还没生小孩，离婚后的生活或许可以简单一点，大不了从此不再联络。但是如果有了孩子，离婚就会变得复杂许多，因为就算不再是夫妻关系，你们还是孩子的爸爸或妈妈。

许多父母在离婚后深陷在自己的情绪里，无法看见孩子的需求。尤其像因丈夫外遇而离婚时，妻子可能会充满愤怒、不甘等情绪，想要报复对方。这时，孩子就变成了报复的工具。妻子可能故意不让前夫与孩子见面，在孩子面前讲爸爸的坏话，要孩子选边站，甚至教唆孩子"监视"爸爸与新女朋友的生活。

我曾遇到过一个 5 岁小男孩，爸爸与妈妈离婚后互相讨厌对方，认为对方是差劲的家长。于是，他们每天都在上演监护权争夺战。抢监护权的方式就是不断挖掘对方的错误。譬如，当小男孩和爸爸在外面玩了一整天，晚上回到妈妈家时，妈妈就会开始质问孩子今天和爸爸做了哪些事情，然后在孩子面前批评："你爸爸怎么可以让你吃这么多软糖！""你爸爸怎么可以让你看这么暴力的卡通片！""你爸爸说可以这样打人吗？"当然，爸爸也不例外，不断地在孩子面前数落妈妈，甚至打电话给儿童保护局反应妈妈疏于照顾孩子。

爸爸与妈妈不断找出"证据"指控另一方是个不合格的家长时，只是满足了自己的需求——报复对方，完全忘了自己还是孩子的父母。孩子被卷入大人的纷争，在学校和家里都会有非常多的行为和情绪问题，到处打人、吼骂人，无法调节自己的情绪。

离婚后，不要让孩子卷入大人的纷争

身为孩子的心理咨询师，我被夹在这场监护权争夺战之间。男孩的爸爸妈妈常常向我抱怨另一方，告诉我："都是因为他／她，孩子才会有这么多问题！都是他／她的错！"于是，我约了两人一起谈话，我告诉他们："离婚后，就算多么讨厌对方，你们还是孩子的父母亲。孩子有爱爸爸、妈妈的权利，也有被爸爸、妈妈爱的权利，更有权利与双方建立良好关系。"

婚姻破裂后，双方可能有许多不满，但这些都是大人间的纷争。对孩子来说，爸爸和妈妈依然是他生命中重要的人。孩子在父母离婚时已经面对了许多失落与哀伤，可能会觉得爸妈离婚是他的错，是他不乖，他会觉得愧疚；有些孩子甚至会认为："如果爸爸和妈妈不爱对方了，那是不是也表示，有一天他们也会不爱我，离开我？"孩子在父母离婚后充满许多不确定性、焦虑与恐惧，他们最不需要的，就是再被卷入大人的战争中。

当孩子被卷入大人的争吵中，就要开始承担大人的情绪重量。譬如：妈妈在孩子面前不断批评爸爸时，孩子可能认为自己需要选边站，甚至因为自己也爱爸爸而感到内疚。渐渐地，孩子不愿意告诉妈妈今天和爸爸做了什么，因为说出来妈妈只会冷嘲热讽，并且批评爸爸。

看见孩子的需求，并将其放在第一位

我看过一段影片：几个青少年在讨论父母离婚对

他们的影响。影片中，一个男孩气愤地说："我已经跟妈妈说了很多次，叫她不要在我面前讲爸爸的坏话，但是为什么她就是听不懂？为什么还是一直在我面前批评爸爸？"另一个女孩说："10岁的时候，妈妈跟我说她想自杀，说这一切都是爸爸害的。为什么她要对10岁的孩子讲这种话？"

不只这些，有些父母还会把离婚怪罪到孩子身上，告诉孩子"都是你的错""没有生你就不会发生这些事情"。或是父母决定留在恶质的婚姻里，却把责任推到孩子身上："要不是因为你，我早就跟你爸离婚了！"父母说的这些话，都会让孩子卷进大人的纷争和情绪重担里。"到底要不要为了孩子留在婚姻里？"许多伴侣考虑离婚时都会想到这个问题。这个问题没有正确答案，因为每个人的家庭问题、处理方式、资源都不一样。尽管离婚可能会对孩子造成负面影响，但有许多孩子也能在离婚家庭中健康成长。重点在于，离婚后，有没有把孩子的需求放在第一位。

尽管许多研究指出，离婚会让孩子产生许多心理问题，但也有许多父母离异的孩子成长得很健康。离婚后，家长如何共同抚养孩子，是否把孩子的需求放在第一位，决定了离婚对孩子的影响的大小。

从宣布离婚起，陪伴孩子度过敏感期

结束一段婚姻时，或许你的心里想着"一切都结束了"。但是，如果你们有孩子，离婚并不是结束，而是另一段关系的开始——共同抚养孩子。就算离婚后不再是配偶，你们依旧是孩子的家长。或许在你的眼中，前夫或前妻非常可恶，但是对孩子来说，父母都很重要（当然，这是指在孩子没有遭受任何虐待的情况下）。

理论上，离婚后要把孩子的需求放在第一位，先考虑什么对孩子才是最好的。但实际上，每个人在离婚时也各自承受着剧烈的改变，像生活方式、经济来源、朋友圈，或是要经历繁杂的法律程序，这些都会给你带来很大的压力。你曾经熟识的生活样貌已经不存在，其中还可能夹杂着愤怒、悲伤，对未来的不确定性，以及失落等情绪。当父母被这些情绪淹没时，更难看见孩子的需求。

　　你可能曾经离过婚，或是正经历离婚过程，也可能身边的亲戚朋友有人想要离婚。尽管每对伴侣的家庭状况都不一样，拥有的资源也都不同，但是，以下提供的一些原则，可以帮助你协助孩子度过这段时期。当父母决定离婚时，第一步要面对的就是如何跟孩子说。和孩子宣布离婚的过程相当痛苦，你可能会害怕孩子承受不了，犹豫到底要不要跟孩子讲。但是，如果确定要离婚了，孩子迟早会知道。与其让孩子从他处得知，不如家长直接向孩子宣布离婚的消息。也就是说，不管离婚的原因是什么，不管夫妻俩多么愤怒，两个人都该坐下来好好讨论要怎么跟孩子说。

　　宣布离婚的原则就是"只说对孩子最重要的事情"。你可以和孩子解释："爸爸妈妈相处得不好，我们试着解决问题，但是没有办法。""爸爸和妈妈必须要非常爱对方才能做夫妻，但是我们已经没有那么爱对方了，所以决定不再做夫妻。"用简单的说法，两个人一起告诉孩子，不要把大人间的争执扯进来，像是抱怨："都是因为妈妈外遇了！""都是爸爸的错！"不管对另一半有多么愤怒或不甘，孩子没有必要知道离婚的细节。我们是大人，请把对孩子最重要的事情摆在第一位。

孩子听到父母要离婚时可能会有很多情绪，疑惑或担心害怕。请坚定地告诉孩子："虽然爸爸妈妈要离婚了，但是我们还是你的父母亲，我们和以前一样爱你，对你的爱不会改变。"并且表明："离婚是我们之间相处得不好，不是你的错，不是你造成的。"

不同年纪的孩子，因为认知发展阶段不同，对于离婚的理解和反应也可能不一样。当然，有些孩子听到离婚消息后会哭泣，对着你大声吼叫，甚至关起房门。但是，你是最了解孩子的人，请依照孩子的反应来回应，也给孩子时间处理这些消息。

宣布离婚并不容易，向孩子宣布之前，请花时间讨论、准备、演练。孩子听到这个消息后可能心中充满疑问，请让孩子尽可能地问问题，当然，也要事先准备如何回答。因为，从宣布离婚的那一刻开始，父母就要开始支持、陪伴孩子。

离婚后，把抚养孩子变成双方共同经营的"事业"

从事婚姻治疗的罗伯特·艾莫利博士（Robert Emery）建议："离婚之后，父母需要建立新的关系来共同扶养孩子。夫妻俩通常难以回到朋友关系，所以要变成商业伙伴，互相合作，给对方应有的礼貌、尊重与界线。"

在新建立的关系之下，抚养孩子是双方一起经营的事业，要互相合作与尊重，一起考虑孩子的需求，做出对孩子最好的决定。你可以参考以下这些原则：

1. 尽量减少"失去"的东西。孩子在父母的离婚过程中已经失去了很多东西，如果可以，请尽量减少生活上的改变——还是可以和爸爸或妈妈见面，继续在原本的学校上课，与熟悉的朋友和老师相处等等。如果能够尽量减少孩子生活中的改变，孩子就会很快恢复适应。

2. 让孩子知道未来的变动。离婚让孩子对未来充满不确定性，他们不知道以后的生活会变成什么样子。所以，请让孩子知道生活有哪些改变，像是哪几天会在妈妈家，哪几天在爸爸家，什么时候可以见到爸爸或妈妈。如果父母其中一人搬到距离较远的地方，请常常利用电话、电子邮件等方式和孩子联络，让孩子知道爸爸妈妈依然关心他。

3. **接纳孩子用自己的方式处理失落与悲伤。**每个孩子面对父母离婚的方式不同，也会展现不一样的情绪和行为。请允许孩子用自己的方式处理失落与悲伤，不论孩子有哪些感觉，请告诉孩子每一种情绪都是正常的，鼓励孩子分享情绪和感觉，并接纳。

4. **告诉孩子"这不是你的错"。**因为发展阶段不同，孩子对于离婚的理解也不一样。年纪小的孩子认知发展阶段还是以自我为中心，可能会认为每一件事情都和他有关——爸妈离婚是他造成的，是他的错。请帮助孩子理解，并且经常强调"这不是你的错"。

5. **让孩子知道，父母会继续爱他。**离婚时，孩子会担心害怕："爸爸妈妈不爱对方了，会不会有一天也不爱我？"请让孩子知道，虽然你们不是配偶关系，不爱对方了，但你们还是孩子的父母，会一直爱着他。

6. **分享你的情绪。**完全不表达情感会让孩子误以为"表达情绪是不好的"，甚至不可以拥有情绪。你可以适当地与孩子分享你的感觉，让孩子了解，你也因为离婚感到悲伤和难过，但是你是个大人，有办法处理这些感觉。让孩子知道这不是他的责任，他也不需要照顾你的情绪需求。

7. **避免让孩子卷入大人间的纷争**。不管你和前夫或前妻关系有多么糟糕，请不要让孩子卷入两人间的战争——不要在孩子面前讲对方的坏话或是贬低对方，不要把孩子当作传话筒或是惩罚对方的工具，不要利用孩子监视另一方的新生活，不要强迫孩子选边站。孩子有权利和父母双方建立良好关系，请支持和接纳孩子与前夫或前妻的良好互动。

8. **协调一致的教养方式**。离婚后，如果孩子要轮流在两个家庭生活，请讨论好一致的教养方式和规范。像是哪些电视节目适合孩子看，孩子几点该睡觉，孩子有行为问题时该如何处理，等等。当双方有一致的教养模式时，孩子比较能够适应不同的家庭生活。

9. **让孩子知道爸妈仍会扮演他生命中重要的角色**。离婚后，让孩子继续当个孩子。孩子不需要承担父母的情绪重担或是责任，应该要知道爸爸妈妈还是会继续扮演他生命中的重要角色。离婚可能给孩子带来巨大的失落与悲伤，这些都是正常情绪。孩子伤心难过可能让你难受，但是我们不可能免去孩子生命中的每一种负面情绪。孩子悲伤时需要你的支持与接纳，陪他处理各种情绪。用对的方法协助孩子，孩子在父母离婚后也能健康地长大。

4. 难以启齿的秘密——有人性侵我！

你有秘密吗？秘密分成"好秘密"与"坏秘密"。"好秘密"就像偷偷帮妈妈办生日派对，所以，"嘘，不可以跟妈妈说！"但是，有时候我们也有"坏秘密"，当有人对你做不舒服的事情时，却告诉你"这是我们之间的秘密，不可以说。"这时候就要注意了，这是个"坏秘密"，一定要告诉你所信任的大人。

——节录自绘本《你有秘密吗？》

大人带给孩子的许多伤害，都是关起门来做的

绘本写得很容易，可惜的是，要孩子把坏秘密说出来没有那么简单。

大人带给孩子的许多伤害，都是关起门来做的——没有人看到，没有人知道发生什么事情，大家还认为这是个美满家庭。虽然孩子觉得不舒服，但却

没有人告诉孩子"为什么会发生这样的事情"，也没有人谈论这件事情。于是，孩子开始认为，发生这样的事情一定和我有关，一定是我的错，是我很坏，我不好。许多人一辈子都带着秘密，承受秘密带来的伤痛，为秘密付出极大的代价，其中一个不敢说的秘密，就是——有人性侵我。

儿童性侵害，比我们想象中还要普遍

儿童性侵害就像禁忌，不谈论就仿佛这件事情没有发生，不会发生。但是，数据显示，儿童性侵害比率相当高。在美国，研究估计每 10 个孩子可能就有一个在十八岁前遭受性侵害，这是非常高的比例。但是，大人却难以发现，因为，这是孩子不敢说的秘密。

儿童性侵害的定义是指：儿童（小于 18 岁）被用来满足成人或较年长儿童的性需求。性侵害的行为有很多种，包括爱抚、性交、口交、肛交，用物品插入孩子体内，强迫儿童触摸大人性器官，强迫儿童看色情刊物或是色情影片，让儿童目睹性交等等。

以往，父母教导孩子要小心陌生人。但数据指出，被性侵的孩子中，大约百分之九十的受害者是被认识的人性侵，只有约百分之十的受害者是被陌生人性侵。不仅如此，有百分之六十的受害者被他们信任的大人性侵——可能是父母的朋友、亲戚、邻居、学校老师、教会人员等等。当施暴者是孩子认识，甚至信任的大人时，孩子会感到更困惑，更不敢说出来，也让父母更难察觉。

儿童性侵害比想象中还要普遍，或许，我们认识的孩子中，就有人曾经或正在遭遇性侵害。发现孩子被性侵害时，父母通常不知道该怎么处理，尤其当施虐者又是亲戚朋友，甚至是另一半时。家长会否认，假装听不见，指责孩子说谎或乱讲话；假装什么事情都没有发生。

不敢说出口的秘密，让孩子终生付出惨痛代价

大部分被性侵的孩子并不敢把伤害说出来，原因有很多。像是施虐者的恐吓："如果说出来，我就会伤害你的爸爸妈妈。""没有人会相信你。""这是

我们之间的秘密。""如果说出来，爸爸妈妈会讨厌你。""这是你的错。""我这样做是因为我爱你。""如果不乖乖就范，你妹妹也会被我性侵。"

施虐者恐吓、威胁孩子，让孩子认为是自己做错了事所以被惩罚，告诫孩子如果说出去，他的家人就会受到伤害，或是让孩子觉得为了保护家人，他必须牺牲。我曾经听儿时被性侵的女性说，她当时不敢把事情说出来，是因为妈妈得了癌症住了院，而性侵她的叔叔告诉她："如果和妈妈说，妈妈就会病情恶化死掉，你就会害死你妈妈！"

在这样的情况下，孩子恐惧、羞愧，觉得是自己的错，不想让父母失望或是难过；而当施虐者又是父母信赖的人时，孩子更困惑了。年纪小的孩子则不会用精准的语言来形容发生了什么事情，他们或许根本没听过"性侵"这个词。只知道："叔叔这样摸我，我觉得不舒服，但没有人告诉我发生了什么事情。"

这样的秘密让孩子付出了惨痛的代价。**研究显示，儿时被性侵的创伤经验让孩子长大后更容易有药瘾、**

酒瘾、未婚怀孕、自杀倾向、厌食症、暴食症、抑郁症和焦虑症等问题。

否认与指责无法删除孩子被性侵的事实

当孩子告诉你她被性侵时，你的脑海可能会瞬间充斥着许多情绪：震惊、生气、难过、羞愧，觉得都是自己的错，觉得是自己没有保护好孩子等等。

当施虐者是家族里的人、兄弟姐妹，甚至是配偶时，你可能更无法接受——担心邻居和朋友怎么评论你，觉得整个家就要崩毁了，担心配偶离开后的家计，担心自己和孩子的生命安全，觉得羞愧、尴尬、丢脸、生气。

当人承受巨大情绪时，其中一种应对机制是"否认"，所以许多人选择不相信孩子说的话，责骂孩子说谎，警告孩子"不要乱讲话"。

"以后不可以再讲这种话。"但是，当家长宁愿相信"什么事情都没发生，日子就像以前一样"时，否认与指责会带给孩子更大的痛苦和伤害。

该怎么避免儿童性侵害？

看到儿童性侵害的比例这么高，你可能会担心：会不会有一天我的孩子也被性侵？要如何预防？要怎么察觉孩子被性侵？如果哪一天，孩子突然向我透露她被性侵，我又该怎么回应？下面，我会提供方法，帮助预防孩子被性侵害以及察觉孩子被性侵后父母该如何回应。儿童性侵害不常被拿出来讨论，也因此更难启齿。看完这章后，你可能会觉得不舒服——或许你讶异儿童性侵害比例这么高，气愤加害者竟然这样恐吓威胁孩子，惊讶原来大部分加害者都是熟识的人，担心这样的事情会发生在自己的孩子身上。

不管有怎样的情绪，请把这些情绪和信息传递出去——告诉伴侣、家人、朋友、同事、孩子的老师，一起谈论儿童性侵害，告诉他们你的心情和担心。

请把这些信息传播给更多人知道，唯有愿意讨论，人们才能开始正视这个问题，才能帮助更多的孩子避免儿童性侵害。

我们很少谈论儿童性侵害，但是儿童遭受性侵害的比例却很高。前面提到了性侵害对孩子造成的负面影响，这里，我要介绍美国儿童性侵害防治组织"从黑暗到光明（Darkness to Light）"提供的五个步骤，协助父母预防儿童性侵害。

步骤一：了解儿童性侵害

在美国，大约每 10 个孩子中就有一个在 18 岁前遭受过性侵害。这些受害者中，大约有百分之三十的孩子被家族成员性侵，有百分之四十的孩子被年纪大的孩子性侵。以往，父母都告诫孩子要小心陌生人。但是数据告诉我们，儿童性侵害中有约百分之九十的孩子是被熟识的人性侵，只有约百分之十的受害者是被陌生人性侵。

儿童性侵害的发生比想象中普遍，大部分被性侵的孩子并不会把伤害说出来，因为加害者的恐吓与威胁，他们灌输给孩子"这是你的错""我这样做是因为我爱你"的概念，让孩子充满恐惧、困惑与无助。儿童性侵害可能发生在你认识的孩子身上，你也可能认识加害者，请不要认为"这件事情不可能发生在我的孩子身上"！

许多施虐者看起来就像一般人，有些人也有良好的工作与社会经济地位，像是老师、律师或医生。当然，我们并不是要怀疑孩子身边的每一位大人，而是要抱有谨慎态度，提高警觉。

步骤二：保持警觉，减少机会

百分之八十的儿童性侵害发生在孩子与成人（或是另一位孩子）独处的时候。当然，孩子与成人之间有单独、正面的相处，对孩子也有许多正面影响。但是为了确保孩子安全，可以试试以下方法：

1. 孩子和其他成人独处时，可以在不预期的情况下回来看看孩子。

2. 确保独处的场所有他人在场，选择开放空间而非隐秘的地方。

3. 离开前，可以询问照顾孩子的人："你们等一下要做什么？有什么计划？"听听计划是否详细。

4. 孩子与其他成人独处后，和孩子聊聊天，注意孩子的心情变化。与其问"你乖不乖？""有没有听叔叔／阿姨的话？"不如问 "刚才跟叔叔／阿姨做了哪些事情？" "叔叔／阿姨照顾你时，你最喜欢做什么？最不喜欢做什么？" "今天下午在这里觉得安全吗？" "有什么想要跟我分享的吗？"

5. 和照顾孩子的人聊聊儿童性侵害的信息，一方面教育其他大人，另一方面也让他知道你在意这件事。

预防儿童性侵害是每个大人的责任。学校、安亲班、托儿所、图书馆等等儿童会去的地方的工作人员，都应该接受儿童性侵害防治训练，学习如何察觉、通报、回应儿童性侵害。这些机构也需要改变，像是减少不必要的独处机会，让不止一个大人照看孩子，以及改善隐蔽地点。每个人都必须提高警觉，传播这些信息给更多的人。增加对儿童性侵害的重视，就可以降低儿童性侵害发生的概率。

步骤三：和孩子谈谈身体自主权与性侵害

发生性侵后，孩子通常不敢说出口，就算鼓起勇气诉说，也不一定会说出事情的全貌。孩子不知道大人的反应，会先透露一部分，或是告诉你这是 "别人"

发生的事情，来测试你的反应。如果大人反应激烈，像是责备、否认，叫孩子不要乱说话，孩子可能就不愿意再诉说，不再求救了。

家长平常就要多和孩子讨论身体自主权，告诉孩子什么是性侵害，身体哪些部位不该被人碰触，并且教孩子有权说"不"。身体自主权并不是说说而已，平常也要实践，像是拥抱前先问孩子是否同意，或是有亲戚朋友想要抱孩子时，也请他们先询问孩子的意愿。当孩子表示不想被抱时，大人也要尊重孩子的意愿，而不是数落孩子说："你怎么这么小气，抱一下也不愿意！"父母要让孩子知道，加害者也可能是认识的人，不一定是陌生人。如果父母能经常和孩子讨论这些话题，发生性侵害时，孩子才愿意说出来。当然，只是抱一下孩子，是表示爱心和亲热，是正常的，与孩子遭受性侵不是一回事。

步骤四：察觉症状

每个孩子被性侵后表现出来的症状不一样。生理上，可能会出现生殖器官疼痛，有伤口、红肿或分泌物等现象，也可能出现阴道感染或尿道炎，上厕所时疼痛，也可能因为心理因素引起身体不适，像胃痛或头痛。

心理和行为上，孩子可能会出现焦虑和抑郁症状，晚上睡觉时常常做噩梦、饮食改变、抗拒去某些地方或不愿意见某些亲戚、情绪转变、成绩大幅下降、自残、行为退化，像尿床或是语言表达能力退化，开始使用酒精或药物，以及出现不符合年纪的性相关语言和行为。当孩子出现异常行为时，不要立刻觉得"孩子怎么这么爱捣乱！"或是指责孩子"怎么不愿意跟叔叔打招呼？没礼貌！""成绩怎么越来越差？"通常，孩子出现异常行为时，背后都有原因。请提高警觉，观察孩子到底发生了什么事情。如果父母找不到原因时，请寻求协助，带孩子检查身体，或是寻求专业心理治疗师的帮忙。

步骤五：适当回应孩子

当孩子向你透露她被性侵时，表示她信任你，你的反应会让孩子知道她是不是可以继续信任你。

听到性侵的消息时，请保持镇定，不要情绪化。如果父母生气责备孩子，或是指责孩子乱讲话，都会对孩子造成很大的伤害，让她不愿意求救。数据显示，只有极少数的儿童性侵通报是假的，孩子通常不会在这种事情上撒谎。所以，请相信孩子，让孩子知道你相信她，谢谢她愿意告诉你，并且称赞她的勇气。

询问时请使用开放式问句，像是"接下来发生了什么事情？"不要刻意引导孩子。请告诉孩子：保护他（她）是你的责任，你会尽全力保护他（她）。必要时，请报警、寻求法律协助，以及寻求专业心理治疗帮孩子处理创伤。孩子被性侵，可能会引发父母的许多负面情绪。但是请想一想，弱小无助的孩子发生这样的性侵事件，对她来说更是恐惧。如果父母选择否认或不作为，只会给孩子造成更大的身心伤害，也会让加害者得以继续伤害孩子。

Note:

下面是一些处理性侵害问题的社会支持机构，如遇威胁或伤害已经发生，请及时求助。

青少年维权和心理咨询热线12355

北京青少年法律援助与研究中心 (86-10) 63813995/63835845

红枫妇女心理咨询服务中心 (86-10) 64033383

全国妇联反家暴热线12338

报警尽量找人陪同前往，或拨打报警电话110

第二部分

从现在起，做有意识的父母

第五章

认识到问题的存在，就是改变的开始

看完第一部分，我们已经了解了童年伤害对你的影响有多大，改变了你的大脑结构与功能。尽管这样的改变可以帮助你度过童年创伤，但是，当你想要破茧而出，脱离受伤的童年，那寄生的毒瘤却仿佛仍在不断啃食，消耗着你与孩子的亲子关系。

然而，当我们觉察，就是改变的开始。

本章会提供许多简单的小练习，借此检视自己的童年，检视自己的教养模式，只要觉察，就能改变。

1. 不需要当个完美的父母，只要尽力当个"父母"就好

你不需要当个完美父母，只要"尽力"当个父母就好，也就是能够"有意识"地教养孩子——有意识的父母在回应孩子之前，会停顿一下，思考接下来要对孩子说的话、做的事情会对孩子造成哪些影响。

回应孩子之前，停顿一下，思考我们的方式和方法

阅读至此，你可能会想起自己的童年，或是觉得前面提到的情景和自己的童年很相似，然后才意识到，原来你也曾经历这些伤害。这些文章可能会勾起你一些不开心的回忆，请在必要的时候把书放下，好好休息，准备好了再回来阅读。

这本书写的每一种伤害，大多不是天灾意外或人为攻击，这些伤害来自原生家庭，而且很多都是父母

造成的，也非常普遍。ACE研究告诉我们，有约三分之二的人在童年时期经历过一种以上的负面经验。不仅如此，在美国，每5个人就有一个人小时候被性侵，每4个人就有一个人受到父母的暴力虐待，有四分之一的人原生家庭有酒瘾问题，有八分之一的人在成长过程中，目睹过家暴。

不仅如此，这些伤害也非常真实。在我从事心理咨询碰到的个案中，不论是大人还是孩子，追溯问题的根源，很多都是来自家庭、父母、过往被对待的方式。曾经在咨询时，一个大学生在我面前大哭，全身颤抖着说："为什么别人都可以懂，为什么妈妈就无法理解，她这样对我，我有多难过？"

是啊，为什么爸爸妈妈不懂呢？

如果父母给你充满伤害的原生家庭，他们小时候可能也被这样对待过。童年经历影响了我们的大脑结构、身体面对压力时的反应、处理情绪的能力。这些人带着受创的大脑和身体，以同样的方式教养下一代，把这些伤害继续传递下去。

但是，你可以选择提供给下一代怎样的原生家庭。

借由觉察自己的过去，了解自己的言行对孩子造成的影响，你能找到办法，避免给孩子不必要的伤害和恶性压力，给孩子健康的原生家庭。

为人父母难免有犯错的时候，
及时道歉并更正就好

给孩子健康的原生家庭，不需要当完美父母，只要"尽力"当个父母就好。就像前面提到的，在教养上"有意识地教养孩子"——回应孩子之前，停顿一下，思考接下来对孩子说的话、做的事会造成哪些影响。

假设你现在很生气，但是在吼骂孩子之前先暂停一下，做几次深呼吸让自己冷静，然后你会觉察到自己被下层脑掌控了，并且了解到吼骂孩子只会启动他的下层脑，让孩子被情绪掌控，这样孩子就无法思考和学习，更没有办法达到教养目的。于是，你决定不吼骂，而是采用更正向，更能够帮助孩子使用上层脑的管教方式。如果能够有意识地面对孩子，那么，你已经尽力当个父母了。

当然，父母也会犯错、做错决定、不小心被下层脑掌控而对孩子破口大骂。当你不小心犯下这些错误时，不用太担心，每个人都有犯错的时候。这时候只要向孩子解释、道歉并且修复关系，一切都来得及。

无法确保孩子免受任何伤害，
但可以培养其复原的能力

市面上有各式各样的教育书，提供各种教育策略。但是，到底教育过程中，什么才是最重要的？我会说：请做孩子身边可以依靠和信赖的人。

世界上有许多无法预测的事情，我们没有办法保证孩子一辈子都不会受到任何伤害。成长过程中，孩子本来就会碰到各种压力或困境，像是适应新环境，和朋友吵架，碰到天灾或意外，亲人过世，被喜欢的人拒绝、失恋分手等等，这些对孩子来说都可能是很大的压力或难题。不是每一个压力或困境都会把孩子击垮，因为孩子有"复原力"——在面对逆境时，从困境中恢复的能力。每个孩子的复原力不同，这就是为什么在遇到同样的状况时，有些孩子可以适应得很好，有些却不行。

复原力并不是一生下来就固定的，而是在成长过程中被各种因素塑造的。也就是说，虽然父母无法保护孩子免于伤害，但是，可以帮孩子提升复原力，让他在遇到困境时，能够自我调适，从逆境中走出来。

帮孩子提升复原力，就是让孩子有值得依靠和信赖的大人。**研究发现，孩子生命中只要有一位大人让孩子感受到被关心、被支持和被了解就可以帮助孩子对抗逆境与伤害。**对于遭受创伤的孩子，如果有正向的家庭环境，就能够帮助孩子提高复原力，让孩子用更正向的态度面对各种困境和压力。

孩子需要可以信赖和依靠的大人，身为父母，你可以选择当这个生命中重要的人，当孩子的后盾。孩子遇到挫折和压力时，知道你会支持他；孩子感受到被保护、受到支持，就有足够的复原力处理困难。

接下来，我会带着你检视过去受到的伤害，教你调节情绪不要被下层脑掌控，并且提供方法让你帮助孩子觉察情绪、理解情绪，使用上层脑学习与思考。

除此之外，我也会提供方法让你和孩子建立联结，让孩子感受到支持与被了解。

你可以改变，成为"有意识"的父母，成为孩子生命中可以信赖和依靠的人。

2. 你有办法改变，而且永远都不晚

如果原生家庭曾经带给你伤害，那么，这本书可能会勾起你许多负面回忆或是情绪。在需要休息时把书放下，做几次深呼吸，准备好后，再回来看书。

如果你曾在童年受过伤，或许会犹豫要不要生孩子，对自己的教育方式没有信心，可能会担心害怕"我会不会跟我的爸爸或妈妈一样，是个糟糕的家长"。但是，我要告诉你"你有办法改变，而且永远都不晚"。

每一个童年，都值得被温暖相待

本书第一部分提到了许多研究，解释为什么童年时期经历的恶性压力会影响大脑，进而改变一个人面对、处理事情的方式。这样讲，好像童年负面经验让大脑变得"不正常"，但其实并不是。

童年经验改变大脑，是为了保护你而演变出来的

"保护机制"。譬如，为了让你在充满恶性压力的原生家庭下存活，大脑必须侦测环境中的危险，所以，你变得很会察言观色——观察大人的脸部表情和讲话语气——你知道当爸爸用这个语调说话时，就是要发飙揍人了，所以身体会赶在爸爸发飙之前进入"反击或逃跑"模式，帮你度过危险。

但是，当大脑已经习惯将各种讯号视为威胁，并且立刻进入"反击或逃跑"模式时，就会产生许多问题。其中一种就是：你可能会变成孩子恶性压力的来源。譬如，小时候只要一哭就会被打，所以当你听到孩子的哭声时，大脑自然地把哭声侦测为威胁，立刻启动"反击或逃跑"模式。

当人进入这样的紧急备战模式时，会被大情绪淹没，没有办法思考。所以，你可能会感到全身燥热，在冲动愤怒之下对孩子吼骂，说出伤人的话语，甚至伤害孩子。没有被好好对待的孩子，长大成为父母后只能用有限的能力教育下一代。

如果你没有觉察到原生家庭如何影响你，就可能会不自觉地把相同的教育方式复制给下一代。正在读这本书的你，一定希望可以提供良好的原生家庭给孩子，这就是为什么你选择看这本书，而你能做的第一件事情，就是好好检视自己的原生家庭。

检视原生家庭，可以翻回第一章的 ACE 测验，想想你经历过哪些童年负面经验。阅读至此，再回去看 ACE 测验中的问题，你有什么新的想法？你觉得，原生家庭如何塑造了你？你可以用本篇接下来的练习，帮助你思考这些问题。

▶ 练习4：检视你的原生家庭

请花时间检视你现在的生活模式，思考以下几个问题，也可以将你的想法写下来：

1.有情绪（如生气），碰到压力时都如何反应？

_____

2.你有哪些核心信念？

_____

3.你如何对其他人（像是伴侣、家人）表达自己的情绪和需求？

_____

4.你如何对伴侣和孩子表达关心与爱？

_____

思考现在的生活时，请试着联结过去与现在：哪些想法与行为可能是童年的哪些经验造成的？

有个妈妈回顾练习 4 的问题后说：小时候，母亲常常批评她、责骂她，也很少对她说"我爱你"。于是，她现在不知道怎么和自己的孩子表达情感。她发现，自己也经常使用指责语气和孩子讲话。譬如，当她看到儿子骑脚踏车跌倒受伤时，她其实非常心疼，但却不自觉脱口而出："你怎么这么笨啊！连骑个脚踏车也会跌倒！"或是骂孩子："不是跟你说过要小心了吗？怎么听不懂？"

觉察是改变的第一步，这个妈妈觉察到自己正在复制母亲的负面语言时，就能改变。于是，我请这个妈妈练习使用正向言语来替代指责语气，帮助她用更恰当的方式传递爱与关心。

咨询时，许多大学生告诉我："我以前从来没有想过，原来，原生家庭对我造成了这么大影响。"毕竟，大家都认为，长大后童年就过去了，却不知道原来童年一直跟随着你。

如果童年伤害太过严重，你可以寻求心理医生或是精神科医生协助，借由治疗创伤的专业心理工作者帮助你疗愈童年的伤痛。

扪心自问："我正在为孩子提供怎样的童年？"

做家庭咨询时，我会请家长花一点时间回想自己的原生家庭，列出原生家庭中 3 个你想要"保留"的东西，以及三个你想要"丢掉"的事情。譬如，有个爸爸说：小时候，每天晚上全家都会一起吃晚餐，他很喜欢一起吃饭聊天的时光，所以希望现在的家庭也可以如此，这对他来说非常重要。另一个妈妈说：小时候父母常常会在她面前争吵，所以她希望自己和先生可以尽量不要在孩子面前吵架。

请利用接下来的两个练习，检视自己的原生家庭。

▶ 练习5：分析你的原生家庭

请回想你的原生家庭，然后写下3个来自原生家庭，你想要保留和丢弃的事情。你也可以和伴侣一起做这个活动，让你们更了解彼此原生家庭给你们带来的影响。

我想保留3个来自原生家庭的事情：

1. _____

2. _____

3. _____

我想丢弃三个来自原生家庭的事情：

1. _____

2. _____

3. _____

接着，请你想一下，你现在为孩子提供了怎样的童年？你列出想从原生家庭里"丢弃"的事情，已经丢弃了吗？

▶ 练习6：检视你的教育方式

检视和孩子目前的相处状况，回想一下，你每天：

1. 对孩子生气、吼骂或打孩子几次？（＿＿＿＿ 次）

2. 对孩子说了几次负面话语？（可能是嘲笑、贬低、批评或恐吓）（＿＿＿＿ 次）

3. 对孩子讲了几次正面话语或是做出肯定孩子的行为？（像是赞美、认同，让孩子做决定，不去干涉和控制）（＿＿＿＿ 次）

4. 对孩子表达了几次你对他的爱？（像是告诉孩子你爱他，你会支持他）（＿＿＿ 次）

每个负面互动需要5个正向互动来平衡，才能维系良好的亲密关系，亲子关系中也是一样。父母必须给孩子足够的正向关系，才能让孩子感受到被爱、被关心、被重视。你和孩子的正面互动够吗？

写下对孩子的承诺，每天检视自己的完成情况

做完以上练习后，你或许会发现现在的家庭和原生家庭很类似。

检视童年的伤害以及现在的教养模式后，就能找出你想要改变的地方。你可能会发现你需要控制自己的脾气，需要多使用正向语言，需要克制自己不在冲动之下响应孩子，需要放手让孩子自己尝试。

提供给孩子健康的原生家庭需要承诺与时间，请拿出一张白纸，写下"我决定给孩子健康的童年"，接着，写下两个你想要改变的目标。比如，"我决定生气时练习管理自己的情绪，不再吼骂孩子。""我决定每天至少称赞孩子一次。"请把这张纸贴在能够随时提醒自己的地方，每天花一点时间检视自己有没有达到目标。

接下来，我会提供方法帮你适当处理自己的情绪。当你能够用健康的方式处理、调节自己的情绪和表达需求时，孩子自然就能从你身上学到这些技巧。父母处在身心健康的状态，就能给孩子更好的原生家庭。

花时间检视你的童年，清理你的伤口，帮助自己改变，就能让世代相传的伤害停止。成熟、健康的父母就是孩子成长过程中最好的典范，健康的童年会跟着孩子一辈子。

▶ **练习 7：我决定给孩子健康的童年的誓言**

改变目标：

1.

    ————————————————————————

    ————————————————————————

    ————————————————————————

2.

    ————————————————————————

    ————————————————————————

    ————————————————————————

3. 优秀的父母，都懂得管理情绪

美国精神科医生丹尼尔·西格尔用"戳蜥蜴"来形容"反应型"家长和孩子的互动：一戳蜥蜴，蜥蜴就会立刻弹跳起来。这种剧烈反应用在孩子身上就是大哭大闹、大声尖叫，就像路上经常看到的情形，妈妈对哭闹的孩子大吼，只会引起孩子更剧烈的情绪反应。

反应型家长本身也像被戳中的蜥蜴一样，有情绪时立刻剧烈反应。于是，他们打骂、威胁孩子，或是在气愤之余，冲动地说出伤害的话语。

调节情绪，从练习觉察情绪开始

请回想一下，孩子最近一次惹你生气时，你怎么反应的？

这样的场景你大概不陌生：在路上，妈妈怒气冲冲地往前走，后面跟着大声哭泣的 4 岁小男孩。妈妈停下来回头对孩子大吼："不是告诉你不能这样吗？你再这么坏，我就不要你了。"妈妈吼完，小男孩哭声更加响亮，妈妈又继续吼："还哭，再哭就把你留在这里！"

这位妈妈就是"反应型"家长，有情绪时立刻剧烈反应。于是，他们打骂、威胁孩子，或是在气愤下冲动地说出伤害的话语。就像"戳蜥蜴"一样，轻轻一戳就反应剧烈。

若想停止做反应型家长，就要先从觉察情绪开始。一天当中，我们时常会进入"自动驾驶"模式。像是每天早上出门上班，因为固定的路径和动作，在抵达工作地点后才意识到，自己竟然不记得途中发生了什么事情。或是开车时，不自觉地开上每天习惯走的路，行驶几分钟后才惊觉：今天是要去另一个地方，走错路了。

大脑每天要记住的信息太多了，所以身体会帮你把习惯的模式记下来，让你进入自动驾驶模式——不需要思考，就能完成许多事情。

在教养上，如果父母习惯用冲动、情绪化的方式响应孩子——像打骂威胁、吼叫咆哮——这些行为会变成你身体记忆的一部分，成为你的"自动驾驶"教养模式。

当父母无法觉察到自己的情绪，很有可能直接进入自动驾驶模式。然后，当你回过神时，才发现刚刚已经对孩子大声吼骂，把怒气发泄在孩子身上了。觉察度不够时，就没办法及时意识到"你现在很生气"，于是来不及踩刹车，就可能做出让孩子身心受创的行为。

觉察，就是"感受现在有哪些情绪""身体有哪些感觉"。感受情绪需要练习，尤其当你的童年经常生活在害怕、恐惧、无助的感觉下时，大脑为了要保护你，帮你筑起一道墙，让你不需要接收这些负面的情绪和感受。于是，你可能会变得麻木，不知道如何感觉情绪。

练习觉察情绪对父母来说非常重要，先觉察到情绪才能开始调节，才不会做出伤害孩子的行为。当你能够调节自己的情绪时，对情绪就有控制权，不会被情绪牵着鼻子走。

摆脱教养中的"自动驾驶"模式大脑

常常被许多琐碎信息淹没，像是周末要干吗，清单上还有哪些该做的事情还没做，要买哪些东西，晚餐要吃什么等等，会让我们忘记去感受当下——"我现在有哪些情绪？""身体有哪些感觉？""周遭环境有哪些声音或气味？"

在美国，有越来越多的教育书开始提倡父母要练习"觉察"，即要观察、感受当下的内心与周遭世界。譬如，请你现在把书放下，做个深呼吸，然后说出现在心里的感觉（像是"我有点焦虑"），以及说出身体的感觉（像是"我觉得肩膀很紧绷"），这就是觉察练习。

日常生活中，大多时候都可以练习觉察。譬如走路的时候可以试着感受脚底板与地面接触的感觉，或是仔细聆听环境中有哪些声音、闻到哪些气味、看见哪些色彩。呼吸时，感受一下新鲜空气进入鼻腔时的感受，吐气时又是什么感觉；或者，开车时试着在每次红灯停时，感受自己在这个时候有哪些情绪，身体又有什么感觉。

觉察是需要练习的，大脑就像肌肉，可以越练越强壮。能够觉察情绪的妈妈，在感受到自己脸颊发热，头开始晕眩时，就知道自己要生气了。于是，她能赶快调节情绪。相反，进入"自动驾驶"模式的妈妈，往往是等到打骂、吼完孩子后，才回过神意识到刚刚被气昏头了。

觉察情绪，才能够调节情绪。研究也显示，自我觉察能启动大脑前额叶皮质内侧，传递讯号来抚平管理情绪的杏仁核。我们的教育并不重视"感觉"，很多父母在成长过程中也都忽视了"感受自己的情绪"，所以很多家长更需要练习觉察。我常常跟父母解释："每个人都会有负面情绪，你会对孩子生气是很正常的。但是，当你感觉到生气、烦躁、难过或焦虑时，要能意识到并处理情绪，而不是将情绪转变成孩子的恶性压力。"

不管是帮父母、孩子还是大学生做心理咨询，我都会介绍给他们一个简单的练习：觉察呼吸，可以每天花几分钟时间，帮助你练习觉察自己的情绪。

请选一个安静、舒适、不会被打扰的地方，坐或躺下来，手机设定3分钟的闹铃。在这3分钟内，你要做的事情就是闭上眼睛，专注于自己的呼吸——感受吸气与吐气时的感觉。你可能会想到生活上琐碎的事情，而这个练习的目的是要帮助你"觉察"。所以，当你意识到自己的思绪跑掉时，请将思绪拉回来专注于呼吸就好。

你可以慢慢增加"觉察呼吸"的时间。借由练习，就能够更快觉察到自己的情绪与想法，帮助你摆脱"自动驾驶"的教养模式，给孩子更好的原生家庭。

做好事前准备，建立自己的"情绪急救计划"

我咨询过几名儿童，他们被情绪淹没时就像被戳中的蜥蜴，总会做出剧烈反应。年纪小的孩子大声哭闹，尖叫，打人，踢人。年纪大一点孩子的父母告诉我："她很叛逆，每次我跟她说话，她都不听，还对我大声嚷嚷，然后进房间用力甩门，在里面一直哭也不出来。"咨询时，我会教这些孩子如何辨认以及调节自己的情绪。通常，我们会一起制作"情绪急救计划"。

制作"情绪急救计划"是帮助孩子了解被情绪掌控时该怎么办。譬如生气时会打人的孩子，我会和他讨论："什么事情会让你生气？""生气时，身体有哪些感觉？""生气时，做哪些事情可以平复情绪？""当你很气愤时，可以找谁帮忙？"把这些东西写下来，然后让孩子把这份计划表放在平常可以看到的地方。

▶ 练习8：情绪急救计划表

请拿起一张纸，写下这3个问题和答案：

1. 什么事会让我生气？为什么我会这么生气？（或是将"生气"换成其他你想要处理的情绪）

_____

_____

2. 生气时，哪些反应可能会伤害孩子？

_____

_____

3. 生气时，要怎么处理自己的情绪才不会伤害到孩子？

_____

_____

回答上述问题时，请再次检视自己的原生家庭。许多人是在当父母之后，才慢慢挖掘出自己的"情绪地雷"——孩子做某些行为会让你产生特别剧烈的情绪。

　　曾经有个妈妈说，孩子不愿意好好吃饭会让她特别生气。回想自己的童年后，她发现，在她小时候，"吃饭"时总是充满焦虑。因为她的爸爸非常严厉，总会在餐桌上指责他们，所以一到吃饭时间她总是提心吊胆，在餐桌上不敢讲话，生怕做错事情被骂。

　　这样的焦虑在成年离家后被逐渐淡忘，直到生了孩子后，看到孩子吃饭时吵闹，童年时期的焦虑与恐惧的情绪再度出现。于是她数落、羞辱孩子，甚至因为孩子不好好吃饭，气得把孩子关在家门外好几分钟。当这个妈妈觉察到自己的情绪，并且了解自己"为什么对孩子不吃饭这么生气"后，她开始掌控自己的情绪。我协助她处理生气的情绪，她开始练习在生气时告诉孩子："我现在很生气，我需要时间冷静，等我冷静后再来谈。"然后，她会回到房间，打开喜欢的音乐，做几次深呼吸，冷静后再和孩子谈话。

这份计划表很重要，因为被情绪淹没时没办法思考，所以在生气的时候才思考该怎么做就晚了。如果事先计划好，生气的时候就可以直接照着计划做，避免做出伤害自己或别人的举动。

对父母来说，制订自己的情绪急救计划也非常重要，能让你在被情绪淹没时，"帮助自己平复情绪"，避免让自己变成孩子的恶性压力来源。每个人处理情绪的方式不一样，有些人喜欢听音乐、看电视，打电话给朋友或家人，到外面去散散心、运动，或是把情绪写下来。请利用练习8的情绪急救计划表，写下适合自己的处理方式。当你能够用健康的方式处理自己的情绪时，就能避免让这些情绪伤害到孩子。同时，你也为孩子树立了情绪调节的典范。

绘本《大吼大叫的企鹅妈妈》的开头写道："今天早上，妈妈好生气，气到对我大吼大叫。把我吓得全身都散掉了。"

不管是大人还是孩子都可能会被情绪冲昏头，但是，当情绪来的时候，反应型父母会被情绪牵着鼻子走。所以在一时冲动之下，他们打骂、恐吓、羞辱、贬低孩子，做出伤害孩子的行为。就像绘本里的企鹅妈妈，把小企鹅吓得"全身都散掉了"。

有意识的父母则是能够觉察到——我现在非常愤怒。如果在生气时回应孩子只会启动孩子的下层脑，让孩子做出剧烈反应，不但失去了教养的目的，还有可能变成孩子的恶性压力。于是，有意识的父母给自己时间冷静，当他们控制好自己的情绪后，选择用更适当的方法对待孩子。

深呼吸 90 秒钟的力量

你看过自己生气的样子吗？下次，请拿一面镜子观察自己生气时的模样。你会发现，我们在生气或焦虑时，整个人是紧绷着的，可能正憋住气，或在急促地呼吸。然而，氧气就像大脑的粮食，当你无法吸入足够的氧气，导致大脑粮食不够，就没办法思考，就容易冲动做出后悔的事情。这时候，做几次深呼吸，就能改变。

正确的深呼吸是腹式呼吸法，吸气时让腹部往外膨胀，吐气时再缩回来，且吐气的时间比吸气的时间长。譬如吸气四秒钟，吐气8秒钟。这个简单的动作可以传递讯息给大脑："我现在没有危险。"这样，你就能关闭"反击或逃跑"模式，帮自己冷静下来。

美国精神科医生丹尼尔·西格尔建议父母："回应孩子前，请先给自己90秒来缓冲，**因为每个情绪浪潮袭击并离开的时间大约是九十秒**。90秒大约可以做8次深呼吸，如果能在响应孩子之前做8次深呼吸，就能避免你在冲动之下做出后悔的事情。"

记得给自己90秒，就可以成为有意识的父母。

教养红绿灯——红灯停、绿灯行

在美国念硕士时，我曾在附近的小学实习。有一天，我跟着学校的咨询师到三年级的教室，那天的课程是要教孩子"友善"，孩子纷纷拿起色笔和纸，在纸上画出什么是"友善"。有个小男孩在纸上画了红绿灯，然后在红灯旁边写了"停"，接着指着红绿灯跟我解释："先停下来想一下，再行动，就能对别人好。"之后，每当情绪涌上来的时候，我就会想到这个孩子画的红绿灯，提醒自己先暂停，三思而后行。当父母是一个辛苦的工作，孩子的行为可能会让你产生各种情绪，这些都是正常的。但是为了不让自己的情绪伤害到孩子，你需要红绿灯来提醒你："停下来！"下次，当你察觉到自己很生气时，请想想红绿灯，然后告诉自己："红灯停！"

　　红灯时，请给自己一点暂停时间。你可以告诉孩子："我现在很生气，需要时间冷静，等我冷静下来再谈。"然后，请暂时离开现场，找个地方平复自己的情绪。你必须让孩子知道你还爱他，只是需要一点时间处理自己的情绪，然后回来跟他谈。如果你突然走掉，孩子可能会以为爸爸妈妈是不是不要我了，反而让孩子更紧张恐惧。你可以用接下来的这个练习，帮助自己平复情绪，再回来跟孩子谈。

▶ 练习9：红灯停下来，绿灯再行动

若需要时间平复自己的情绪，当你离开现场后，可以：

1. 深呼吸

给自己90秒的时间做8次深呼吸，让情绪浪潮离开。请记得，吐气的时间要比吸气的时间长，这样大脑才能意识到"我要放松"。

2. 说出情绪

研究显示，若能辨认情绪，大脑前额叶就会启动，减少杏仁核活化度，进而平复情绪。你可以试着说出情绪，像 "我觉得 ＿＿＿＿＿＿，因为 ＿＿＿＿＿＿。"在心理咨询中，我常常用"冰山"向前来咨询的人解释"生气"，生气其实是情绪的冰山一角，无法察觉的那一大块才是真正的情绪。而这些情绪可能是：觉得很受伤，觉得不被重视，觉得害怕，等等。所以，生气时，请试着辨认自己被隐藏在水面下的情绪。

3. 情绪急救计划

记得情绪急救计划吗？当你被下层脑掌控时是没有办法思考的。如果有情绪计划表，就可以照着做，像打电话给朋友、听轻柔的音乐、出去散散心等等，帮助自己冷静下来。

4. 问问自己：管教的目的是什么？

冷静下来后，请回头想想："刚刚发生了什么事情？""孩子为什么会这样做？""我希望孩子学会什么？""要用什么方法，才能达到最适当的教育目的？"

5. 提醒自己要启动孩子的上层脑

回应孩子之前，请记得提醒自己：管教方式会决定孩子使用上层脑还是下层脑。如果希望孩子成为会思考的人，就必须让孩子练习使用上层脑。

当你做完以上5个步骤后，就可以回头找孩子谈谈，处理刚刚发生的事情。若父母能用健全的方式处理自己的情绪，也是对孩子示范"如何处理情绪"。

你什么时候特别容易生气呢？

记得某个周末，我坐在书桌前赶课堂作业，因为临近上交时间，我感到非常焦躁，脸颊发烫，无法专注。这时，窗外传来孩子玩耍的声音，接着，原本嬉笑玩乐的声音渐渐被尖叫和哭泣声所取代。平常，孩子的哭闹声不会让我产生负面情绪，但是因为作业做不完的焦虑感，孩子的哭声听起来特别刺耳，我感到更加烦躁，想要打开窗户叫他们安静。我察觉到孩子的哭声让我感到生气、烦躁，于是我关掉电脑，用打扫来转换心情。

有些人在焦虑急躁时特别容易生气，一点点小事情就能大发雷霆；有些人可能是肚子饿或睡不饱的时候特别容易生气；有些人可能是身体疲倦时特别容易生气。了解"自己什么时候特别容易焦虑或生气"，就可以事前防范，做准备。

很多人在当了父母之后发现：孩子占据了所有时间，他们没有时间休息、睡觉，更不用说跟朋友见面或是做自己喜欢的事情。但是，父母必须花点时间好好照顾自己，因为你的情绪会传染给孩子，若每天都充满焦虑，孩子也会跟着焦虑。父母要能够照顾好自己，让自己身心健康，情绪平稳，这样才能好好处理孩子的问题。

照顾自己的方式很多，像是健康饮食、充足睡眠、规律运动。建议父母可以每星期安排一段时间做让自己快乐的事情。如果喜欢阅读，就规划一个不被孩子干扰的时间安静看书；如果喜欢和朋友相处，就规划时间跟朋友去看一场电影，或是吃顿饭。总之，花一点时间做让自己心情愉快的事情，好好照顾自己。因为，当父母心情平静，孩子也能够平静。

4. 以大脑科学为基础的管教法

听到"管教"两个字时，你会想到什么？很多父母会回答："惩罚，这样孩子才会学乖。"

做儿童咨询时，我经常观察父母如何管教孩子。

某次在个案家中，我正和女主人谈话，5岁的女孩和妹妹在客厅玩积木。没过多久，小女孩开始用力丢积木，制造出很大的声音。妈妈转过头对女儿说："不要再丢积木了。"但是小女孩还是继续丢，而且越来越大声，妈妈越来越生气，接着她站起来对小女孩大吼："不是叫你不要再丢了吗？怎么讲不听？不准玩了，去房间里待5分钟。"小女孩大哭起来，然后被妈妈拉进房间里。关上门后，妈妈走回来说："每次都这样，怎么讲都不听！"这是许多家庭每天都在上演的管教方式，孩子不听话，父母就处罚孩子。但是，这样的惩罚真的有效？你觉得，被关在房间里的小女孩真的能够冷静地思考："我刚刚做错了，我不应该丢积木吗？"事实上，被关在房间里的小女孩无法思考，因为她被下层脑掌控情绪了！她可能心里想着："我最讨厌妈妈了！""妈妈一点都不爱我！"然后，情绪越来越激动。

不能以自己的好恶作为判断孩子行为好坏的标准

孩子的大脑就像正在施工的双层楼房，下层脑负责情绪、基本生存机制，上层脑负责思考、做决策、情绪调节等等。当这个小女孩被下层脑掌控时，她会被大情绪淹没，无法思考，身体进入"反击或逃跑"模式，就像前面提到的戳蜥蜴，轻轻一戳，就大幅弹跳起来，于是，这个小女孩越哭越激烈。

孩子出现行为问题时，很多父母会认为"孩子是故意的"，这样的想法会让你更加生气，想对孩子大吼："怎么讲都不听！"但是，孩子负责情绪调节的上层脑正在施工中，无法发挥全部的功能。孩子没办法每次都深思熟虑后才做决定，无法好好调节自己的情绪，无法有效克制自己的冲动，或是无法了解自己的行为对别人的影响。也就是说，父母要对孩子有合理的期待，不能用"成人的标准"来要求孩子。当孩子出现失控行为时，也可以试着用"孩子被下层脑控制了，所以才会出现这些冲动的行为"来理解。

孩子被下层脑掌控时，父母要帮孩子重新启动上层脑，孩子才能开始思考和学习。如果打骂、恐吓、威胁，只会让孩子恐惧，继续启动孩子的下层脑。

若父母能够改变看待孩子的眼光，就能换一种方式回应。下一次，孩子闹脾气时，请先做 3 次深呼吸，然后告诉自己："孩子不是故意的，只是没办法有效控制自己的情绪。当孩子被下层脑掌控时，他需要我的帮助，引导他如何调节情绪。"

如果你希望孩子成为会思考，能够调节情绪的人，务必让孩子在成长过程中多练习使用上层脑。

管教孩子前，先反问自己 3 个问题

"管教"的原意是指"教导、学习和指导"，也就是说，管教是当孩子做错事时，父母教育孩子的契机。如果"教育"才是管教的目的，那么，孩子在什

么情况下能从错误中学习呢？美国精神科医生丹尼尔·西格尔建议父母，管教孩子时，问自己以下3个问题：

1. 孩子为什么会这么做？

2. 我要教孩子什么？

3. 如何教孩子才是最好的方式？

若能在回应孩子之前，反问自己这3个问题，就能用另一种眼光看待孩子的问题。举个例子：当你看到老师在给你的短信上写孩子今天在学校打人时，第一时间会有哪些情绪呢？你可能会觉得生气，很想臭骂孩子一顿。但是，在你气冲冲去骂孩子前，请先做3次深呼吸，然后问自己："孩子为什么会这么做呢？"孩子打人的原因很多，可能是因为同学欺负他，让他很生气。孩子因为生气而打人，就是被下层脑控制了。再问自己："我想要教孩子什么呢？"如果孩子打人是因为很生气，那么你的教育目的就是要帮助孩子建立处理生气的方法，以及用合适的方式表达生气的感觉。

决定了管教目的后，最后问问自己："怎么教才是最好的方式？"回想自己的求学阶段，你会发现，当我们充满负面情绪时，便无法学习新知，因为当下层脑被启动时，负责思考和学习的上层脑就被关闭了。所以，当父母在冲动之下打骂、吼叫、羞辱孩子时，只会让孩子的大脑侦测到危险，然后传递讯息让身体进入"反击或逃跑"模式或做出更激烈的反应。一旦孩子被情绪掌控，就没有办法思考和学习，这样一来，父母就错失了教育孩子的机会。

孩子的上层脑还没完全盖好，比较容易被下层脑掌控，做出冲动反应，像是躺在地上大哭大闹，大声尖叫。这时，孩子无法调节自己的情绪，他需要大人帮忙平复下层脑，启动上层脑，重回思考与学习状态。

抓住最好的时机，给孩子讲道理

大脑会随着经验而改变，父母为孩子提供的经验和环境都会影响孩子的大脑发育。如果父母的管教方式是不断让孩子练习使用上层脑，那么，孩子就越来越会思考，做适当的决定，对他人有同理心，情绪来的时候知道如何处理。长大之后，孩子也能够更好地处理挫折和压力，与他人建立良好的亲密关系。

相反，如果管教方式是不断启动孩子的下层脑——像是打骂、恐吓、威胁，或是数落嘲讽，孩子就只学会用本能反应，做出激烈行为。因此，在成长过程中不断使用下层脑应付环境的孩子，因为没有机会学习如何处理情绪，长大后，他们就会用激烈的方式来处理情绪，诉诸暴力行为、暴饮暴食、无法克制购买欲、使用酒精或毒品来麻痹自己，或者是自残。

ACE 研究告诉我们，父母对待孩子的方式会影响孩子的身心健康，但这并不代表父母不能给孩子任何压力。孩子在成长过程中，不可避免会经历压力与挫折，像准备考试、转学，与朋友发生争执，或是与兄弟姐妹吵架、遭遇失败等等，这些都是让孩子学习与成长的过程。

面对这些生活压力时，孩子可能会产生负面情绪，也可能会犯错，做出让你生气的行为。但是，这些都是父母可以教育孩子的机会，教孩子如何处理情绪，如何用合适的方式表达感觉和需求，帮助孩子了解自己的行为对别人造成的影响，以及帮助孩子思考可以用哪些更好的方式解决问题。**找到合适的机会教育，这才是管教**。但是，如果家长让孩子长期生活在恐惧、害怕、无助等情绪之下，不断给孩子这样的恶性压力，就是在伤害孩子。

每次回应孩子前，先问自己："这样的回应能达到教育孩子的目的吗？"当你能够了解管教方式对孩子造成的影响时，就能给孩子健康成长的空间。

第六章

为人父母的底线，
是不伤害孩子的童年

检视自己的童年创伤后，就是解开教养轮回的开始。

本章借由两大练习，让亲子间的桥梁更加稳固。学会接纳孩子的情绪，教导孩子如何调节情绪，修复亲子间的联结，就是让孩子成年幸福的关键。

1. 孩子需要被看见、被听见、被相信

处理青少年个案时，我经常听到："爸爸妈妈不理解我。""爸爸妈妈不重视我。"但是，和他们的父母谈话时，我又可以感受到这些父母对孩子的爱，想要帮助孩子。

父母爱孩子，但孩子却感受不到，为什么会有这样的落差？

让孩子学会表达自己的感受与想法，
而不仅仅是"听话"

有句话叫"孩子有耳无口"，意思是要孩子乖乖听大人的话就好，嘴巴闭起来，不准讲话。这些孩子被要求服从与听话，没有机会表达自己的感受与想法；或者当孩子表达情绪时，却遭受父母的否认或冷嘲热讽，孩子当然觉得不被父母理解，觉得自己不重要。

我曾经在儿童咨询办公室里看到墙上挂着一面旗子，上面写着："**孩子需要被看见、被听见、被相信。**"这寥寥几字正是告诉父母："**这是教养时，必须让孩子感受到的。**"如果父母能够接纳孩子的每一种情绪，就能让孩子感受到被看见、被听见、被相信。

电影《头脑特工队》运用动画描述小女孩莱莉的情绪，大脑里住着 5 个情绪小人物：乐乐、怒怒、忧忧、厌厌和怕怕，负责莱莉的快乐、生气、悲伤、厌恶以及惊吓 5 种情绪。电影里，莱莉的大脑内有一个情绪控制台，当乐乐操作控制台时，莱莉就会很开心；当忧忧操作控制台时，莱莉就会很难过。电影前半段，负责开心情绪的乐乐想尽办法不让忧忧出来碍事，因为乐乐想要莱莉开心就好，不要难过。于是，乐乐在地上画一个圈，叫忧忧待在圈圈里不要出来。

这是许多人对情绪的误解，认为负面情绪都是不好的。在儿童咨询的经验中，我看过许多孩子有这样的观念，尤其当"负面情绪"和"行为问题"联系在一起时——像是因为生气所以打人，然后被父母和老师责骂——于是孩子相信，负面情绪是不好的。许多孩子都跟我说："会生气的孩子是坏孩子！"而我会对孩子说："生气是很正常的情绪，不好也不坏，不管是大人或是孩子，每个人都会有生气的时候。"

虽然生气是很正常的情绪，但是不代表生气时可以伤害他人。父母要让孩子了解"有哪些感觉"和"做出哪些行为"是不一样的，并且教孩子用更适当的方式处理这些情绪。父母要让孩子知道每一种情绪都很正常，而父母要做的，就是接纳孩子的情绪。

孩子的每一种情绪都应该
被正视、被重视、被尊重、被理解

请想想看：今天，你因为一件事情感到非常难过，当你和好朋友述说时，朋友却回复："拜托，这有什么好难过的，不要再难过了！"听到这句话，你有什么感觉呢？你可能会很生气，觉得不被理解，觉得更难过，觉得被否定，或是你再也不想找这个朋友谈心事了。

同样地，当孩子觉得难过、害怕时，爸爸妈妈却取笑或责备他："哭什么哭，这有什么好哭的？""这

有什么好难过的？""这样就害怕喔？胆小鬼！""不
要再难过了！"这些否定的言语会让孩子觉得"不被
接纳""爸爸妈妈不了解我""我不能有这些感觉""我
的情绪并不重要""我一点都不重要"，甚至会让孩
子认为有情绪是不好的，或是无法接受自己的情绪。

孩子在成长过程中，如果自己的情绪常常被否定，
长大后也可能会产生许多问题。譬如，他们可能会常
常怀疑自己，没有自信。毕竟，当每次的感受都被否
定时，孩子要如何相信自己的感觉是正确的呢？这些
孩子长大后，有的无法辨认情绪，有的一直认为自己
不够好。

心理学家杰妮丝·韦伯博士（Jonice Webb）用"情
绪疏忽"来形容常常否定孩子情绪的父母。她认为，"在
情绪疏忽下长大的孩子，常常会觉得'我的情绪不重
要'，也因为孩子的情绪经常被否定，他们无法理解，
信任自己的情绪；长大后，孩子可能会觉得内心空虚，
觉得自己没有办法和他人联结，或是觉得自己有问题，
但又说不上来到底哪里有问题。"的确，一些孩子害
怕或难过的事情，像是吃到一半的糖果掉到地上等等，

在大人眼中看起来只是"小事一件"，但是，对孩子来说却很重要。孩子感受到的每一种情绪都是真实的，请让孩子拥有这些感觉，不要否定他的任何一种感受。

同理＋倾听，父母可以这样做

电影《头脑特工队》将情绪拟人化，里面有个情节让我印象非常深刻：小女孩莱莉在小时候有个幻想朋友小彬彬，他们最常做的事情就是幻想两个人一起骑着火箭车。莱莉长大后，大脑清洁人员准备把火箭车倒入垃圾场，让这个记忆被遗忘。小彬彬看到这一幕，非常难过。

看到伤心的小彬彬，负责开心情绪的乐乐不断想逗他开心。于是，乐乐在小彬彬面前扮鬼脸搞笑，对他吆喝着："没关系，我们可以解决问题的！走吧，我们继续找回去的路吧！"但是，乐乐的热情没办法让小彬彬开心起来。

这时候，忧忧走过来，静静地坐在小彬彬身旁，聆听小彬彬述说和莱莉玩火箭车的愉快回忆。忧忧一边听，一边回应："哇，莱莉和你一定玩得很开心！""你失去了最宝贵的东西，一定很难过吧。"
最后，小彬彬抱着忧忧大哭，哭完后擦擦眼泪说："我
没事了，继续走吧。"

很多时候，父母都想当"乐乐"，在孩子难过的
时候想办法逗孩子开心，告诉孩子："好了，不要再
难过了。""只是一颗糖果而已嘛，有什么好难过的，
再买就好了啊！"甚至想尽办法转移孩子的注意力，
像："走！我带你去吃冰激凌！"但是，这些行为传
递给孩子的讯息就是："我不想接纳你难过的情绪，
你最好赶快开心起来。"电影中的忧忧则是示范了同
理心：静静地坐在伤心难过的小彬彬身边，认真倾听、
陪伴，一起感受忧伤的情绪。

"同理心"是"与人一同感受"。身为父母，你
或许无法理解"为什么孩子会因为一颗糖果掉在地上
就这么难过"。但是，就算你无法理解，还是可以接
纳孩子的情绪，陪孩子一起感受伤心难过，因为，孩
子的悲伤情绪确实存在。你愿意像电影中的忧忧那样，
花一点时间倾听、认同孩子的感受和情绪吗？

▶▶ 练习10：接纳孩子情绪的日常练习

接纳孩子的情绪是需要练习的。毕竟，我们过于习惯立刻"解决问题"，面对孩子的时候也是，一看到孩子伤心难过，就想赶快告诉他该怎么做。

譬如，当孩子哭着说："他不跟我玩。"你赶紧回："没关系嘛，你可以跟其他小朋友玩啊。"当孩子告诉你"我讨厌弟弟"时，立刻纠正他："你是哥哥耶，要爱护弟弟啊。"这样的回应方式会在不知不觉中传递给孩子"你的感觉是错的"这种信息。

孩子有情绪时，以下三个步骤可以帮父母接纳孩子的情绪：

1. **提醒自己**。让孩子拥有自己的感觉和情绪，不要否定孩子的感受。

2. **试着站在孩子的立场理解他可能有的情绪**。可以告诉孩子："朋友不跟你玩，你一定很难过吧。""我可以感觉到你现在对弟弟非常生气。"认真倾听孩子，让孩子知道你接纳、了解他的情绪。

3.**想办法让自己"闭嘴"**。请告诉自己："我要陪孩子面对这些情绪，不是要立刻帮他解决问题。"请克制自己想告诉孩子"不要再难过了"的冲动，也避免自己做出评价、否认，或是做出想要逗孩子开心的言行。

接纳孩子的情绪表示你认同孩子有这些情绪，并且不去批评情绪的好或坏，正常不正常。当父母能够明白孩子的情绪时，孩子可以感受到父母的理解、接纳、支持，就可以像电影里的小彬彬一样，从情绪中站起来，继续往前走。

研究显示，人类在辨认情绪时，大脑皮质区就会开始运作，传递讯息降低杏仁核的活动，进而平抚情绪。父母可以借由帮孩子辨认情绪，让孩子停止被下层脑掌控，启动上层脑，开始思考。父母可以问孩子："你现在有哪些感觉？""他不和你玩，你有什么感觉？"如果孩子还不擅长辨认情绪，或是还不能用足够的语言表达情绪时，父母可以帮孩子说出情绪。像是试着猜测孩子的感觉："阿姨刚刚讲那句话，你听了会难过吗？""他这样骂你，你是不是很生气？"

家长都希望孩子开心，看到孩子伤心难过，父母也会难受。但是，人的一生中，不可避免地会经历各种负面情绪——悲伤、痛苦、气愤、羞愧或是紧张焦虑，每种情绪都是正常的，我们不能夺走孩子的负面情绪。情绪来了也会离去，父母要做的是陪孩子感受，接纳并理解孩子的感觉，教他们如何适当处理情绪，孩子才有能力面对各种挫折与困境。

2. 接纳孩子的情绪，做他们的情绪教练

做儿童咨询时，常常会碰到紧张焦虑的父母问："为什么无论我怎么说孩子都不听？""孩子为什么要打人？""为什么他一直欺负妹妹？""明明知道会被惩罚，为什么还要说谎？"这些让家长头痛的问题行为，理由其实很简单，就是"孩子被情绪控制了"，也就是说，孩子没有办法好好处理他的情绪。

孩子也需要练习觉察自己的情绪

每个人每天都会经历各种感觉和情绪，或许你不自觉，但是我们每天都在展现自己的情绪调节能力，来面对各种感受。无法有效调节情绪的人可能会转向使用不健康的方式来面对情绪，像是借助酒精或毒品、暴饮暴食、攻击行为，甚至是自残行为。

心理学家约翰·高特曼（John Gottman）博士

表示："父母要当孩子的情绪教练，从日常生活中帮孩子学习情绪调节。"许多父母期望孩子有好成绩，却不知道孩子的情绪调节能力深深地影响学习能力，当孩子能够好好调节情绪时，比较不容易被情绪困扰，能更专注地学习。而孩子学习情绪调节的第一步，就是要先辨认情绪，了解什么是情绪。我在上一章中提到，父母要练习觉察，才能及时踩刹车，不做出伤害孩子的言行。同样地，孩子也需要练习觉察，当他们能够感受到情绪，才能学习控制自己的情绪。

在美国，有越来越多的学校重视觉察情绪，将"觉察（Mindfulness）"融入学校课程中。譬如，老师会花几分钟时间，让孩子舒适地坐着，然后闭上眼睛，专注于感受自己的呼吸——空气吸入鼻腔时的感觉，以及吐气时的感觉。

父母可以利用一些小活动帮助孩子练习觉察，譬如搜集石头、树枝、枯叶等等。让孩子花一分钟触摸一样物品，并请孩子专注感受手上的触感、物品的材质和形状，摸完之后，让孩子分享这些感觉。或者，让孩子花一分钟时间仔细观察周遭环境，然后说出三个以前没有注意到的东西。在户外时，也可以让孩子观看周遭，然后说出三种他看到的颜色，三种他闻到的味道，以及三种他听到的声音等等。

这些方式都可以在日常生活中帮助孩子练习觉察力，当孩子开始觉察，就能开始控制情绪，成为情绪的主人。

借助亲子共读绘本的力量

儿童咨询时，我经常用绘本帮孩子学习辨认情绪。像是读绘本时问孩子："你觉得这个人有什么感觉？""如果是你，你会有哪些感觉？""为什么你觉得他在生气呢？"

孩子会指着绘本里的角色告诉我："他很生气是因为他的脸涨得红红的，手握成拳头，眉毛皱在一起。""因为他在掉眼泪，所以他很难过。"借由辨识这些情绪特征，我会继续和孩子谈："那么，你生气的时候是什么样子呢？身体有哪些感觉？"这些问题可以帮助孩子将情绪和身体的反应做联结。譬如，孩子可以觉察到：生气时会全身颤抖、发热，紧张时会觉得肚子不舒服、胸口闷闷的。能够察觉自己的身体征状，孩子就能够更快意识到自己的情绪。

亲子共读绘本应该是轻松愉快的，上述问题也没有标准答案，孩子想要说什么都可以。如果孩子不想回答，可能是他还不知道该怎么表达自己的感觉。这时候，我通常会帮他回答，像"如果是我的话，应该会觉得很生气吧。""生气时，我会没办法好好呼吸，觉得头很晕，然后会很想哭。"

有些孩子还不擅长表达情绪，或是还没有学到足够的情绪词语，当我们分享自己的情绪，就是对孩子示范情绪表达，增加孩子的情绪词语。另一方面，若父母愿意和孩子分享自己的情绪，传递给孩子的讯息就是："我们有的所有感觉和情绪都很正常，我跟你分享自己的情绪感受，也欢迎你和我聊聊你的感觉。"

控制自己迫不及待去纠正孩子
看似错误的行为的冲动

玩乐对孩子的成长非常重要。在玩耍的过程中，孩子们可能会发生各种冲突，像是没有经过别人的同意就拿走玩具，不遵守游戏规则，抢夺玩具，破坏别人的游戏等等。而这些冲突，都是孩子学习的机会。

当孩子起争执时，有些父母会立刻替孩子解决问题。像是命令："你们两个猜拳，赢的人先玩。""你是哥哥，应该要让妹妹先玩。""轮流玩！再吵，我就把玩具没收！"

当父母急着帮孩子想办法时，孩子就错失了练习解决问题的机会。我曾咨询过一个5岁小男孩个案。他在幼儿园里常常和其他孩子发生冲突——只要同学拿走他的玩具，或是说他不喜欢听的话，他就会直接挥拳殴打另一个孩子，对其他人骂脏话，或是朝另一个孩子丢椅子。

当这个小男孩做出暴力行为时，就是被"下层脑"给掌控了。而我要做的，就是帮助他建立自我调节技巧——帮助他觉察生气的情绪，接纳并理解他的感觉，陪他练习平复生气的方法。然后跟他讨论："下次碰到类似情况时，有没有更好的解决方法？"

于是，当我观察到小男孩手握成拳，快要爆发时，我会试着帮他说出情绪："我看到你手握拳，他拿走你的积木让你很生气吧？会生气是很正常的，我生气的时候都会做三次深呼吸，我们试着一起来做几次深呼吸。"冲突发生前，我也会跟孩子一起想解决办法："你和他都想要玩这个玩偶，你觉得可以怎么解决问题呢？"孩子想办法时，我也会陪他一起分析每种方法的后果，像是："你这样做可能会被老师惩罚。""这样可能会伤到自己或是别人。""这样做可能会让其他小朋友不想跟你玩。"

每一次冲突和争执，都是孩子学习的机会。父母要做的不是立刻替孩子解决问题，而是把机会留给孩子，提供陪伴与协助，让孩子练习使用上层脑，帮助孩子增加自我调节的能力。

父母规范自己的言行，
就是给孩子童年最好的滋养

我也曾咨询过一个 6 岁的小男孩，他在生气的时候经常打人、推人或是丢东西；他的妈妈也很容易被情绪掌控，生气时对孩子大吼大骂。某一次会谈中，我向妈妈解释了父母可以如何平复自己的情绪。之后某一天，这位妈妈发短信告诉我，今天傍晚她很生气，但是她克制了自己想要吼骂孩子的冲动。不仅如此，她还拿起画笔，告诉孩子："我现在很生气，我要把生气的感觉画下来。"在画画的过程中，她的气也慢慢消了。心情平静后，她拿着画完的图向儿子解释刚刚为什么生气。没想到，几天后，她看到儿子和女儿快要吵起来时，小男孩跑去拿了纸和笔，告诉姐姐："我现在很生气，我要把生气画下来。"妈妈惊喜地告诉我这个情况，我告诉她："你的示范，让孩子学会了用更适当的方式处理自己的情绪。"

还有一个8岁小男孩，妈妈形容他"输不起"。每次玩游戏，他一定要赢，输了就会开始大发脾气，或是在快输时大喊："这次不算！"然后把游戏卡推倒。

处理这个男孩的情况时，我会刻意示范"说出情绪"以及"如何调节情绪"。譬如当我玩游戏输了时，我会说："我输了，现在有点难过，但是我可以做三次深呼吸。"然后在他面前深呼吸。几次示范后，我发现他在玩游戏时也会自己做深呼吸，甚至在我输了时会立刻拍拍我的肩膀，告诉我："没关系，来，深呼吸。"

和孩子玩游戏时，父母也可以这样示范表达和调节情绪的方法。与其否定孩子的情绪——指责孩子："这有什么好生气的，只是玩游戏而已啊！"或是嘲笑孩子："这样就生气喔，很丢脸耶。"我们要做的是理解以及接纳孩子的情绪，并且帮助孩子用更健全的方式处理情绪。我会告诉父母："你是孩子最好的典范。"孩子借由观察父母来学习——观察父母如何处理情绪和压力，如何与他人沟通，如何表达自己的感觉。如果父母生气时习惯大声吼骂，那么，孩子生气时也容易大吼大叫。如果父母能向孩子示范健康的情绪处理方式，孩子就能学会用适当的方法抚平情绪。

父母能够稳住情绪，就是给孩子最好的礼物。

3. 不要让孩子产生被孤立和隔离的感觉

我经常在美国幼儿园看到这种管教方法：老师在教室角落放一张特别的椅子。当孩子出现行为问题时，告诉孩子："我数到三，你再这样，就去坐那张椅子！"当孩子依然不听话，老师就会把孩子带到那张椅子前，命令他："在这里坐五分钟！"这是很多老师和家长使用的方法，我称作"隔离法"——当孩子出现行为问题或是不服命令时，父母把孩子关在房间里面，或是要求孩子独自坐在角落。幼儿园老师还向我解释："书上写，孩子几岁，就要隔离几分钟。"但是，隔离法真的有效吗？

用"联结法"取代"隔离法"

美国精神科医生丹尼尔·西格尔写过一篇文章《隔离法正在伤害你的孩子》（*Time-Outs' Are*

Hurting Your Child）。西格尔表示："隔离法对孩子有许多负面影响。当孩子被隔离时——不管是被关在自己的房间里，还是必须独自坐在某个角落——孩子感受到的是孤立与父母的拒绝。研究发现，孤立与隔离，这种由关系造成的痛苦，对大脑造成的伤害相当于肢体虐待。"

当孩子出现行为问题时，通常是因为遇到了无法负荷的情绪，又没有好的情绪调节能力。这时候，孩子需要父母的协助和引导，帮他平复引发冲动行为的下层脑，重新启动掌控思考的上层脑。孩子哭闹就隔离，父母传递的讯息是："表现好，我才喜欢跟你在一起；若你在痛苦、悲伤、混乱的情绪当中，我不会理你，你必须自己承受这些情绪，没有人会支持你。"但是，这时候，孩子需要的是与人联结，而不是隔离。

许多父母会以为：将孩子关起来，他就能自我反省。但是孩子被隔离时，心里想的通常是："不公平，明明就是弟弟先打我！""我最讨厌爸爸妈妈了！"这些愤愤不平的情绪，加上感到被孤立、被拒绝，就会有更剧烈的情绪反应，阻挠掌控思考的上层脑运作，孩子也就错失了学习调节情绪的机会。

父母与其使用"隔离法"，不如改用"联结法"，提供给孩子安全的亲子联结。有位妈妈分享：她在家里帮孩子布置了一个舒适的空间，里头摆放孩子喜欢的玩具、绘本和彩色笔，就像孩子的安全秘密基地。每当孩子受情绪困扰时，妈妈就会询问或邀请孩子到这个空间画画、阅读绘本、玩玩具，帮助她平复情绪。更重要的是，妈妈会告诉孩子"如果你需要我，我会陪着你"。孩子不必独自承受混乱的心理情绪。依附关系研究告诉我们，孩子需要与照顾者联结，让他感受到理解与支持；尤其当孩子被情绪困扰时，更需要情绪平稳的大人来协助、引导他，帮助孩子平复情绪，学习自我调节。

成绩好坏不重要，
让孩子感受到学习的快乐才重要

在台湾地区，许多孩子的生活被考试和读书占据，失去了与父母互动的机会。成绩也让许多家庭的亲子关系充满紧张与痛苦——爸爸妈妈不断唠叨，督促孩子读书，责骂成绩不好的孩子，不断在兄弟姐妹或亲戚孩子间比较成绩或是偏心家里功课比较好的孩子。孩子感受到的就是："如果成绩不好，爸爸妈妈就不爱我。""我不够好，永远达不到父母的期望。"

许多家长认为：好成绩代表以后可以上好的大学，找到好工作，过着快乐的生活；但是，考试成绩真的是成功的指标吗？

研究显示，成绩并不是成功最重要的因素。有良好的社交技巧，知道如何与他人相处和沟通，能够调节情绪等，这些"软实力"，才是决定未来发展的关键。

成绩并不是决定未来成功与否的关键，孩子的社交情绪技巧才是。如果父母愿意花时间与孩子互动谈心，就能帮助孩子学习社交情绪技巧——聊聊孩子心里在想什么，有哪些情绪，有没有碰到什么有趣的事情，或是生活中和学校里遇到哪些挫折与压力。孩子在与你聊天的过程中，能够辨认自己的感觉，并且思考要如何处理挫折与情绪。你可以试着用聊天谈话取代唠叨，每天花时间和孩子讲讲话，增进亲子关系；亲子关系良好，许多事情都很容易解决。

在亲子时间，你就是孩子最好的玩具

除了用聊天取代唠叨，父母还可以给孩子"特别亲子时间"。特别亲子时间是指：孩子拥有你百分之百的注意力，并且能够自己主导要做什么事情的一段时间。父母可以依照自己的时间与能力，每个星期给孩子两到四次，每次约15到20分钟的特别亲子时间。毕竟父母也很忙，要经常提供百分之百的注意力并不容易。

那么，在特别亲子时间里要做什么呢？

你可以告诉孩子：在特别亲子时间里，你愿意陪他做任何他喜欢的事情——孩子决定要玩什么，要怎么玩，而父母就依照孩子的主导行动。当然，在开始前，要和孩子讨论基本规定。像在特别亲子时间内不可以打人，伤害他人，或是要求父母做出太奇怪的举动，如果孩子违反规则，就会暂停活动，将特别亲子时间改期。

请记得，特别亲子时间是保证给孩子的时间，父母不能用来威胁、利诱、奖励或是处罚孩子。这段时间里，父母要做的就是积极聆听，并且克制自己说出批评或是评论的话语。譬如，当孩子操控两只玩偶打架，如果父母说："我不喜欢打架，他们会受伤。"这就是评论孩子的玩法，孩子接收到的信息是"爸爸妈妈不喜欢我这样玩，我这样玩不对"。

在特别亲子时间里，父母只能描述孩子的行为。譬如孩子拿两只玩偶打架，你可以说："他们两个在打架。""他死掉了。"但是，不要评论好坏。就算孩子在游戏过程中出现特殊行为，只要没有违反规则，就跟随孩子的主导，不做任何评价。这段时间内，父母也要避免提供建议。一天当中，你有很多时间可以建议或规范孩子，请让孩子在这 20 分钟内能够自己做决定。

你也可以设定闹钟，当闹铃响时，告诉孩子特别亲子时间结束了。孩子可能会很失望，想要继续玩，或是拒绝收玩具。这时，可以向孩子表达你理解他的感受，比如，"你玩得这么开心，一定很不想结束吧。"如果孩子坚持不肯收玩具，也不要陷入拉锯战或是说教。你可以帮孩子把玩具收好，一边收拾一边告诉他，刚刚跟他一起玩有多开心。当然，如果父母还有时间也可以继续陪孩子玩。你可以跟他说："虽然特别亲子时间已经结束了，但是我还有时间可以陪你玩，可是接下来就不是特别亲子时间，要像平常一样啰。"

特别亲子时间让孩子掌握主导权，可以自己做决定，并且拥有父母百分之百的注意力。所以，请父母记得把手机收起来，关掉电视，把所有心思都放在孩子身上。因为，良好的亲子关系才是教养中最重要的一环。

4. 父母们应该有信心，我们的孩子将来错不了

市面上有众多教育书籍。你在选择喜欢的教育方法时，请提醒自己：教育方法应该帮助你和孩子建立更正向的亲子关系。因为，良好的亲子关系才是一切的源头。

美国哈佛大学做了长达 35 年的研究，邀请 126 名大学生检视自己和父母的关系，并在 20 至 30 年后，检视他们的身心健康。

结果发现，勾选与父／母亲关系不良的受试者，百分之九十一在青年时期就出现重大疾病，像是癌症与心血管疾病；与父／母亲关系良好的受试者，则有百分之四十五在中年晚期才出现健康问题。不仅如此，若是与双亲关系都不好的受试者，百分之百在青年时期就出现健康危机。

研究结果印证了良好的亲子关系非常重要这一观点。亲子关系良好，父母就可以成为孩子生命中值得信赖的大人，让孩子感受到自己被理解、被支持、被接纳；碰到困境时，孩子也更愿意和父母诉说，寻求协助。

用正向语言赞美孩子

要建立良好的亲子关系，就要从减少负面语言，学习使用正向语言这些日常互动开始。研究伴侣关系的心理学家约翰·高特曼博士建议："每个负面互动，需要五个正向互动来平衡，才能维系良好的亲密关系。"教育也是一样，父母要经常使用正向言语，才能建立良好的亲子关系。家庭咨询时，我会请父母与孩子每星期写下称赞小卡片，然后在咨询会谈结束前几分钟，大声念给对方听。父母和孩子也可以一起用纸盒制作赞美信箱，挂在家里，这样就可以随时写下赞美投递到信箱中。当他们大声念出赞美卡时，我看到父母和孩子间的眼神交流与藏不住的笑容。当然，一开始写赞美小卡片会碰到许多困难，许多父母会说："孩子每天都惹这么多麻烦，我到底要怎么称赞他啊？""我想不出要写什么！"

的确，父母太习惯纠正、指责孩子的错误，而常常忽略了孩子的好。赞美需要技巧，也需要父母放下指责的眼光，努力看见孩子做得好的地方。通常，我会请父母写下孩子的具体行为，而不是空泛地形容"你好棒""你好聪明"。譬如，可以称赞孩子努力的过程，"你今天在拼拼图时，就算遇到挫折还是继续尝试，我觉得这样很了不起。""你非常仔细地选择要用哪些颜色，你着色时非常用心。""我看到你在快要生气时做了三次深呼吸，帮助自己冷静下来，非常厉害。"

用问题引导孩子思考

除了赞美，父母也可以用问问题的方式帮孩子看见自己的正向特质，像是询问"我刚刚观察到你在拼拼图时，碰到了一些困难，但是你还是完成了。遇到挫折时，你是怎么让自己继续完成拼图的？""你决定跟其他小朋友分享玩具时，心里在想什么呢？"这些问题没有标准答案，孩子一开始可能也不习惯，或不知道该怎么回答。没关系，你可以用这些问题帮孩子注意到并强化自己的正向特质。

除了语言，也可以借由练习 11 的亲密肢体接触建立良好亲子关系。

▶ 练习11：20秒的亲密接触

除了使用正向语言，也不要忘记亲子间的亲密接触。当人与人之间有安心的肢体触碰时，身体就会释放催产素，也称为"联结荷尔蒙"，让我们感受到与他人的联结。许多研究指出，肢体接触像是拥抱、亲吻、牵手，能有效降低大脑杏仁核活化，让人感到平静。

从今天起，每天给孩子20秒的拥抱吧！在我们每天繁忙的生活中，拥抱通常都很急促，所以，请每天花20秒的时间，抱抱孩子，感受亲子之间的联结，然后告诉孩子你有多么爱他。

写下想告诉孩子的话：

1. 我爱你！

2. 我看到你快生气时做了三次深呼吸帮自己冷静下来，真的很厉害！

　　3. _____

　　4. _____

结语 父母的称号不是应得的，而是赢得的

你在原生家庭里受到的伤害都不是你的错，也不是从你才开始的，这些创伤通常会在家族里代代相传，祖父母传给父母，而父母再把这些伤害带给你。但是，你可以停止将创伤遗传给下一代，给孩子提供更健康的原生家庭。

你不需要当个完美父母，只要当个"有意识"的父母就可以——能够觉察自己的情绪，了解自己的行为对孩子造成的影响。在发现自己被下层脑掌控时赶快踩刹车，重新启动掌管思考的上层脑，转为使用更正向的教养方式，为孩子提供充满爱、安全与信任的环境，避免使自己成为孩子恶性压力的来源。

父母都是平凡人，总会有犯错或不小心失控的时候。犯错很正常，当你不小心被情绪掌控，进而冲动做出伤害孩子的行为时，最简单的补救方法就是"道

歉"——向孩子解释发生了什么事情，并且让孩子知道，父母失控并不是他的错，不是他造成的。

你就是你孩子的原生家庭，你提供给孩子的童年会影响他一辈子，所以，请你好好照顾自己，当个值得孩子信赖的大人。

给孩子健康的原生家庭，就是父母给孩子最好的礼物。你可以从现在开始，做个有意识的父母。